미래진로 교육시리즈 3

청소년의 진로설계역량을 강화하기 위한

고등학생용 진로워크북

전남대학교 교육문제연구소 지음

서문 및 발간사
PREFACE

사회변화가 빠르게 진행되면서 미래의 진로와 직업 세계 역시 하루가 다르게 변화하고 있습니다. 이런 사회환경의 변화 속도로 인하여 이에 대처하기 위한 청소년들의 진로교육은 더욱 중요해지고 있습니다. 그런데 진로교육은 지식을 학습하는 것만으로 완성될 수 없습니다. 새로운 지식이나 기술의 습득도 중요하지만 자신의 적성을 발휘할 수 있는 동기나 태도 역시 진로개발을 위한 중요한 요인이기 때문입니다. 지식, 기술, 동기, 태도 등을 포함한 다양한 측면을 골고루 이해하고 있어야 자신의 진로를 설계하고 개발하는 힘이 길러질 수 있습니다. 이런 힘을 바탕으로 청소년들은 자신의 진로를 개척하는 과정에서 나타나는 문제상황을 해결할 수 있을 것입니다. 이와 같이 문제를 이해하고 해결할 수 있는 문제해결 능력을 역량이라고 합니다.

역량은 단편적인 지식이나 기술이라기보다는 자신의 인지, 정서, 가치, 동기 등의 요인을 모두 포괄하는 개인의 문제해결 능력이라고 볼 수 있습니다. 진로영역과 같이 미래상황에 대처하기 위해서 복잡한 문제해결이 필요한 경우에 개인의 역량은 더욱 중요해집니다. 따라서 진로교육을 할 때도 역량중심의 접근을 하게 되는 것 같습니다. 이번에 출간하는 진로워크북은 이런 취지에 맞춰 진로역량 증진에 적합한 활동을 꾸몄습니다. 중고등학교 진로 수업에서 학습자료로 활용될 수 있도록 활동을 설계했습니다. 진로적성 개발을 위해서 역량 중심의 활동을 개발했으며, 진로와 직업 교과서의 단원에 맞춰 활용할 수 있도록 했습니다. 진로와 직업 교과서의 각 단원에 맞추어 개발되어 있고, 교과목 운영 시 필요부분을 선택석으로 활용할 수 있도록 탄력적으로 설계되어 있습니다. 현장학교의 진로진학상담 선생님들께서 수업 설계 및 운영 시 도움이 될 수 있는 워크북이 되었으면 합니다.

이번 워크북을 출간하는 과정에서 애써준 전남대학교 교육문제연구소의 전임연구원 박사님들과 연구소 연구보조원분들께 고마움을 전하고 싶습니다. 워크북 내용을 검토해주신 진남대 교육학과 이지혜 교수를 비롯하여 동료교수님들께도 감사의 말씀을 전합니다. 아울러 편집과정에서 정말 많은 노력을 해주신 박영사 김다혜 선생님을 비롯한 편집팀 여러분께 감사의 말씀을 드립니다.

2021년은 코로나 팬데믹 이후 뉴노멀 시대로 가는 진입점이라고 생각합니다. 시대가 바뀌고 세계가 변화하고 있습니다. 이런 급변하는 사회에서 직업은 변화하고 요구하는 인재상도 급변합니다. 이러한 시대를 살아갈 우리 학생들을 교육하는 것은 현장교사, 학부모뿐만 아니라 교육청, 대학 모두의 노력이 필요하다고 생각합니다. 전남대학교 교육문제연구소는 청소년을 위한 진로교육의 방향에 대해 고민하고, 교육공동체의 일원으로서 대학의 역할에 대해 고민하고 실천하는 교육기관이 될 수 있도록 역할을 다하고자 합니다.

전남대학교 교육문제연구소장 류지헌 드림

목 차
CONTENTS

IV. 진로를 계획하고 준비하다

진로설계역량은 진로를 합리적인 방식으로 결정하고 계획하여 효과적으로 실천해 나가는데 필요한 역량이다.
이 워크북의 목차 구성은 진로설계역량을 구성하는 네 가지 역량인 '자기이해', '직업이해', '진로탐색', '진로계획'을
반영하는 순서로 이루어져 있다.

참고자료 : 커리어넷 진로개발역량 검사

진로준비역량은 자신의 진로를 효과적으로 준비하고 관리하는 데 필요한 역량이다. 이 워크북의 활동 내용들은 진로 준비역량의 세부역량인 낙관성, 지속성, 호기심, 유연성, 도전성, 의사소통 역량을 함양하는 데 초점을 맞추고 있다.

낙관성	• 자신의 미래와 진로에 대해서 긍정적인 관점을 유지하는 역량
지속성	• 진로를 준비하는 과정에서 실패나 좌절에도 불구하고 노력을 지속해가는 역량
호기심	• 미래와 직업세계에 대해 관심을 갖고, 새로운 기회를 지속적으로 탐색하는 역량
유연성	• 불확실한 상황에서 자신의 태도와 행동을 적응적으로 변화시키는 역량
도전성	• 결과가 분명하지 않은 상황에서도 계획을 행동으로 옮기는 역량
의사소통	• 다른 사람을 이해하고, 자신의 의사를 효과적으로 전달하여, 타인과 협력하는 역량

참고자료 : 커리어넷 진로개발역량 검사

I

나를 찾으러 여행을 떠나라

청소년의 진로설계역량을 강화하기 위한 고등학생용 진로워크북

고등학교 진로역량 강화를 위한 기본수업활동 1-1-1

I. 나를 찾으러 여행을 떠나라 - 1. 삶, 진로, 직업

학습단원	대단원	I. 나를 찾으러 여행을 떠나라	소단원	1. 삶, 진로, 직업
수업구성	교과서 페이지	13 – 17	활동방법	모둠/토론활동
	시간(분)	50분	평가방법	모둠별 발표하기

학습목표	1. 행복한 삶을 살기 위한 조건이 무엇인가를 탐색하여 삶, 진로, 직업의 상호 관계를 이야기할 수 있다.
교과 연계성	이 활동은 자신이 추구하는 삶이나 희망하는 진로에 대한 목표를 설정하기 전, 자신이 가지고 있는 가치관을 확인하고 우선순위를 정해 봄으로써 삶, 진로, 직업에 대한 올바른 관계 설정을 돕기 위해 조직되었다.

진로 역량	대영역	중영역	하위영역	세부내용
	진로관리	진로탐색	진로정보	직업과 진학에 대한 다양한 정보를 알고 찾을 수 있는 능력
			진로탐색	진로에 대해 다양한 방법을 통해 적극적으로 탐색하는 능력

활동목표	1. 자신의 가치관을 확인하고 가치관의 우선순위를 정할 수 있다. 2. 자신이 정한 가치관의 우선순위에 대해 합당한 이유를 설명할 수 있다.
성취기준	1. 자신에게 중요한 가치관을 확인하고 가치관 충돌 시 자신의 진로목표와 부합한 가치관을 선택할 수 있다. 2. 올바른 가치관을 선택함으로써 자신의 진로선택에 있어서 중요한 가이드라인으로 활용할 수 있다.
세부 활동내용	[활동지1] 1. 여러 가지 가치관의 종류를 참고하여 다음의 빈칸에 자신이 가장 소중하다고 생각하는 가치관을 선택하시오. 2. 가치관의 우선순위 상위 5가지를 선택하고, 그 이유를 옆 친구에게 설명하시오. 3. 가치관 충돌 상황을 제시하고 해당 상황에서 자신이 선택할 수 있는 가치관을 선택하고 왜 그 가치관이 문제 해결에 도움이 되는지 설명하시오.
교사역할	1. 수업 소개 2. 활동 소개 3. 활동 참여 방법 소개 4. 결과물 공유하기 안내 5. 평가 방법 설명하기
학생역할	1. 해당 수업 소개를 잘 듣고 수업 목표 숙지하기 2. 활동 소개를 잘 듣고 활동목표와 성취기준에 대해 이해하기 3. 활동 참여 방법을 잘 이해하고 적극적인 참여 태도를 갖기 4. 결과물을 동료학습자와 공유하는 방법을 이해하고 준비하기 5. 평가 방법을 이해하고 학습목표에 도달하였는지 점검하기

시간	세부 주제	활동1 이해하기 - 학습목표	학습자료
25분	직업과 나의 가치관	− 직업이 자신에게 의미하는 바를 말할 수 있다. − 내가 소중하게 생각하는 가치관에 대해 우선순위를 정하고 그 이유에 대해 설명할 수 있다.	− 활동지1 − 한국고용노동교육원 유튜브 채널 동영상 파일

◈ 나에게 직업은 어떤 의미일까?

− 한국고용노동교육원이 제작한 '직업은 우리에게 어떤 의미일까?'를 시청한 후, 여러분들에게 직업은 어떤 의미인지 말해 보자.

사람은 누구나 직업을 갖고 살아가기 때문에 직업은 인간의 삶에 있어서 중요한 의미를 가진다. 사람들이 살아가기 위해서는 정신적인 활동이나 육체적인 활동을 하게 되고, 이러한 활동은 생활에 필요한 수입을 얻기 위한 수단일 뿐만 아니라 다른 사람 또는 사회, 국가를 위해 가치로운 것일 수도 있다. 사회 구성원의 일원인 인간은 직업을 통해 자신의 소임을 다함으로써 사회 기능을 유지하고, 아울러 국가 사회의 발전에도 기여하게 된다. 또한 직업은 생계유지의 수단이자 우리에게 삶의 보람과 만족감을 느끼게 해주기도 하고, 생애의 목적을 달성하도록 해 주기도 한다.

어느 사회에서나 인간 삶과의 관계에서 보면, 직업은 일반적으로 경제적 의미, 사회적 의미, 심리적 의미로 나눌 수 있다. 경제적 의미에서 직업은 인간 개개인에게 일할 기회를 제공하며, 일의 대가로 임금을 받아 본인과 가족의 경제생활을 영위케 해준다. 인간의 직업을 구하려는 동기 중의 하나는 바로 노동의 대가, 즉 임금을 얻는 소득의 측면이라고 할 수 있다.

사회적 의미에서 직업은 사회적 역할을 분담하고 있다. 과거의 사회에서는 사회적 신분에 따라 사회적 역할이 분담됐지만, 오늘날에는 직업에 따라 사회적 역할이 분담되고 있다. 오늘날 직업을 갖는다는 것은 현대 사회의 조직적이고 유기적인 분업 관계 속에서 분담된 기능의 어느 하나를 맡아 사회적 분업 단위의 지분을 수행하는 것이라고 할 수 있다. 사람은 누구나 직업을 통해 타인의 삶에 도움을 주기도 하고, 사회에 공헌하며 사회의 발전에 기여하게 된다. 따라서 직업은 사회적으로 유용한 것이어야 하며, 사회 발전 및 유지에 도움이 되어야 한다는 것이다.

심리적 의미에서 직업은 인간은 직업을 통해 자신의 이상을 실현한다. 인간의 잠재적 능력, 타고난 소질과 적성 등이 직업을 통해 계발되고 발전하게 된다. 즉, 직업은 인간 개개인의 자아실현 매개인 동시에 장이 되는 것이다. 자신이 갖고 있는 제반 욕구를 충족하고 자신의 이상이나 자아를 직업을 통해 실현함으로써 인간적인 인격의 완성을 기하는 것이다.

(출처: 한국고용노동교육원 유튜브 채널)

◆ 내가 소중하게 생각하는 직업가치관은 무엇일까?

– 현금 100만원을 가지고 내가 소중하게 생각하는 직업가치관을 구입하여 가격순으로 순위를 매기고, 그 이유에 대해서 설명해 보자.

직업가치관	가치관 내용
능력 발휘	자신의 능력을 발휘하고 성취감을 갖는 것
다양성	단조롭게 반복되지 않고 변화있게 일하는 것
보수	많은 돈을 버는 것
안정성	쉽게 해직되지 않고 오랫동안 그 직장에서 일할 수 있는 것
사회적 인정	다른 사람으로부터 인정받는 것
지도력 발휘	다른 사람들을 이끌면서 일하는 것
더불어 일함	다른 사람들과 함께 일하는 것
사회봉사	다른 사람들에게 구체적으로 도움이 되는 일을 하는 것
발전성	더 발전하고 배울 수 있는 기회가 있는 것
창의성	자신의 아이디어를 내서 새로운 시도를 할 수 있는 기회가 많은 것
자율성	위 사람의 명령이나 통제 없이 독자적으로 일하고 책임지는 것

순위	가치관	이유
1위–30만원		
2위–25만원		
3위–20만원		
4위–15만원		
5위–10만원		

시간	세부 주제	활동2 토의하기 - 학습목표	학습자료
35분	나의 직업 가치관검사	− 커리어넷의 직업가치관검사에 적극적으로 참 여한다. − 직업가치관검사 결과를 바탕으로 친구들과 나의 직업가치관과 관련 직업에 대해 말할 수 있다.	− 활동지2 − 커리어넷 직업가치관검사지 (인쇄물) 및 결과 해석 매뉴얼

◆ 나의 직업가치관검사 결과는 어떨까?

1. 인터넷 검색을 통해 커리어넷에 접속한 후 진로심리검사 항목에서 직업가치관검사를 실시해 보자.

직업가치관검사 소개

가. 검사 개요

직업가치관검사는 여러분이 직업을 선택할 때 어떤 가치를 중요하게 여기는지 알아보기 위한 것입니다. 직업가치관은 여러분의 직업선택에 중요한 기준이 되며, 자신의 가치와 일치하는 직업을 가졌을 때 더 큰 만족감과 성취감을 느끼게 됩니다. 직업가치관검사 결과를 통해 직업에 있어 나에게 어떤 가치가 중요한지 이해하는 데 도움이 될 것입니다.

나. 검사 항목

안정성, 보수, 일과 삶의 균형, 즐거움, 소속감, 자기 계발, 도전성, 영향력, 사회적 기여, 성취, 사회적 인정, 자율성

다. 검사 결과

각 개인별로 12가지 직업가치관 점수가 그래프로 제시됩니다.

4가지 가치지향 유형 결과가 그림과 그래프로 제시되며, 선호하는 직업가치관 3가지가 제시됩니다.

라. 검사 실시요령

각 문항에 대해 자신의 생각과 가장 일치한다고 생각하는 항목에 응답해주십시오.

2. 직업가치관검사 결과지를 아래에 붙여 보자.

3. 직업가치관검사 결과, 나의 생각과 일치하는 부분과 그렇지 않은 점, 희망 직업과 추천 직업 간에 차이가 있는지 말해 보자.

	일치하는 부분	불일치하는 부분	희망 직업	선정 이유
검사 결과				

시간	세부 주제	활동3 협력하기 – 학습목표	학습자료
30분	나의 가치관/ 직업가치관의 활용	– 내 주위의 사회적 약자가 처한 어려움에 대 해 탐색해 본다. – 사회적 약자가 처한 어려움을 해결하기 위한 나의 가치관 활용법에 대해 말할 수 있다.	– 활동지3 – 예시물: 사회적 약자의 어려 움을 도와준 사례(뉴스 기사)

◆ 나의 직업가치관을 올바르게 사용하는 방법은 없을까?

– 다음의 뉴스 기사를 읽고 사회적 약자를 도와줄 수 있는 방법은 무엇인지 말해 보자.

'다문화, 탈북 청소년 속으로 스며든 에듀테크…'C언어'로 소통하며 성취감 쑥쑥'

　김정아 경기도 안산 원곡초 교사는 코딩교육을 통해 다문화가정 아이의 자신감이 높아졌다고 강조했다. 에듀테크가 다문화, 탈북 청소년 등 소외 학생 교육에 사용되면서 긍정적인 영향을 미치고 있다는 것이다. 95% 이상이 다문화 가정 학생으로 이뤄진 원곡초는 올해 코딩수업 '소프트웨어(SW) 아카데미' 정원을 30명에서 120명으로 확대했다. 코딩수업을 들은 학생의 적응력과 사회성이 높아졌기 때문이다. SW아카데미는 SK플래닛이 다문화 가정 아이를 대상으로 제공하는 코딩 수업이다. 원곡초는 학생의 변화를 코딩을 통한 성취감 때문이라고 밝혔다. 다양한 국적을 가진 부모를 둔 학생들은 한국어로 의사소통이 원활하지 않다. 김교사는 아이들은 다른 생활방식을 갖고 있으며, 한국어도 서툴러 우리 사회에 대한 적응력이 떨어졌지만, 한국어가 필요 없는 코딩을 통해 뭔가를 만들고 친구와 교류할 수 있게 되면서 성취감을 이뤘다고 말했다.

　에듀테크는 탈북 청소년 교육에도 사용된다. 비상교육은 탈북 다문화 청소년 대안학교 우리들학교에 한국어 스마트러닝 프로그램 클래스와 자기주도 영어학습 프로그램 잉글리시아이를 제공한다. 학습격차가 심한 탈북 청소년 수준에 맞는 교육이 가능하다. 에듀테크 기업은 소외 학생의 만족도가 높아지자 관련 지원 활동을 확대했다. 테크빌교육은 강원도 등 도서벽지 산간지역에 메이커 교실 구축과 교사 지원 사업을 펼치고 있다. 럭스로보는 지난해 도서 산간지역에 450회 무료 코딩 교육을 진행했다. 나아기 제도권 교육에 적응하지 못한 학교 밖 아이들을 위한 코딩 교육도 검토 중이다.

(출처: https://www.etnews.com/20191018000109)

• 내 주위에서 찾은 사회적 약자는 누구인가?	
• 그 사회적 약자가 처한 환경과 문제점은 무엇인가?	
• 문제점을 해결할 수 있는 방법은 무엇인가?	
• 문제 해결에 필요한 가치관 또는 직업가치관은 무엇인가?	

시간	세부 주제	활동4 문제해결하기 - 학습목표	학습자료
20분	성공한 사람들의 가치관/ 직업가치관	-테슬라의 최고경영자 일론 머스크와 관련된 동영상을 보고 그가 가지고 있는 가치관 또는 직업가치관에 대해 탐색해 본다. -그의 직업가치관이 우리 사회에 주는 선한 영향력에 대해 토론할 수 있다.	-활동지4 -테슬라의 최고경영자 일론 머스크에 관한 동영상 파일

◆ 성공한 사람들은 어떤 직업가치관을 가지고 있을까?

– 다음 영상을 통해 세계적인 전기자동차업체인 테슬라의 CEO '일론 머스크'의 직업가치관을 분석해 보자.

테슬라의 창업주 일론 머스크

일론은 1971년 남아프리카 공화국 프리토리아에서 엔지니어인 아버지와 모델인 어머니 사이에서 태어났습니다. 어렸을 때부터 컴퓨터에 관심이 있어 독학으로 프로그래밍 언어를 배웠으며 12살 때에는 Blastar라는 게임을 동생과 함께 만들고 게임 잡지에 500달러(현재 가치로 1200달러)에 판매할 정도로 컴퓨터에 재능이 어릴 때부터 뛰어났습니다. 일론은 독서광으로 유명합니다. 어릴 적부터 하루에 10시간씩 독서하는 책벌레로 유명했습니다. 특히 공상과학 소설을 좋아했으며 모형 로켓 만드는 데도 취미가 있어 로켓 연료를 직접 만들고 그 로켓을 직접 시험 발사 한 적도 있다고 합니다.

일론은 어릴 때부터 허약했고 왕따와 괴롭힘을 많이 받았다고 합니다. 머스크는 학생이던 시절에 부모님이 이혼하였습니다. 머스크와 나머지 형제들은 모두 아버지인 에롤 머스크에게 맡겨졌으며 아버지 에롤은 현재 남아공에 거주 중이며 어머니는 많은 나이에도 불구하고 현역 모델로 활동 중이라고 합니다.

일론은 미래 지향적인 기업인으로 평가 받습니다. 현재도 유망한 산업이나 중소기업에 적극 투자하고 있으며 특히 인공지능에 큰 관심이 있으며 안전한 인공지능 개발 관련 비영리 단체에 7백만 달러를 지원하기도 했습니다. 머스크는 인공지능의 위험성을 시사한 바 있습니다. 현시대 인류의 가장 큰 위협은 인공지능이 될 것이라고 주장했습니다. 지구 상에서 가장 바쁜 사람을 한 명 꼽으라면 일론 머스크라고 생각합니다. 테슬라(자율주행 전기차), 스페이스X(우주산업), 하이퍼루프(초고속 진공 열차), 보링컴퍼니(대규모 지하 터널) 등 혁신적 산업에 도전하며 전 세계가 그를 주목하고 있습니다.

그는 AI로 인한 인류가 멸종할 수도 있다며 항상 인공지능의 위험성을 강조해왔습니다. 스페이스X(민간우주기업) 역시 AI의 지구 정복 대비책이라고 합니다. 뉴럴링크란 일론 머스크가 설립한 뇌 연구 스타트업입니다. 쉽게 말하면 초소형 칩을 인간의 뇌에 이식하는 기술을 연구하는 회사입니다. 뉴럴레이스(neural lace)는 초소형 AI 칩으로, 인간의 뇌 겉 부분인 대뇌피질에 이식한 뒤 이 칩을 이용해 생각을 업로드하거나 다운로드 할 수 있는 기술입니다. 이런 사업을 하는 이유는 AI에 밀리지 않는 스마트한 인류를 만들기 위함이라고 합니다.

(출처: 이코노믹리뷰, 위키백과, 나무위키)

직업가치관	가치관 내용
능력 발휘	자신의 능력을 발휘하고 성취감을 갖는 것
다양성	단조롭게 반복되지 않고 변화있게 일하는 것
보수	많은 돈을 버는 것
안정성	쉽게 해직되지 않고 오랫동안 그 직장에서 일할 수 있는 것
사회적 인정	다른 사람으로부터 인정받는 것
지도력 발휘	다른 사람들을 이끌면서 일하는 것
더불어 일함	다른 사람들과 함께 일하는 것
사회봉사	다른 사람들에게 구체적으로 도움이 되는 일을 하는 것
발전성	더 발전하고 배울 수 있는 기회가 있는 것
창의성	자신의 아이디어를 내서 새로운 시도를 할 수 있는 기회가 많은 것
자율성	위 사람의 명령이나 통제 없이 독자적으로 일하고 책임지는 것

가치관	그 이유

🔵 미디어 자료

활동1 이해하기

한국고용노동교육원 '직업은 우리에게 어떤 의미일까'

URL: https://www.youtube.com/watch?v = FBbU572M2hU &t = 8s

활동2 토의하기

커리어넷 직업가치관검사 URL: https://www.career.go.kr/cnet/front/examen/inspctStd.do

활동3 협력하기

전자 신문 기사 – '다문화, 탈북 청소년 속으로 스며든 에듀테크…'C언어'로 소통하며 성취감 쑥쑥'

URL: https:// www.etnews.com/20191018000109

활동4 문제해결하기

URL: Elon Must Full Story by SURPRISER https://www.youtube.com/watch?v = fTWZhDw9BCA

고등학교 진로역량 강화를 위한 기본수업활동 1-2-1

I. 나를 찾으러 여행을 떠나라 - 2. 나의 특성 및 제반 여건의 이해

학습단원	대단원	I. 나를 찾으러 여행을 떠나라	소단원	2. 나의 특성 및 제반 여건의 이해
수업구성	교과서 페이지	18 − 35	활동방법	모둠/토론활동
	시간(분)	50분	평가방법	모둠별 발표하기
학습목표	1. 개인의 특성이 진로선택 및 계획에 주는 영향을 이해하고, 다양한 방법을 통하여 개인의 특성을 파악하여 개발할 수 있다. 2. 나의 신체 조건과 환경 조건을 이해하고, 올바른 진로 계획을 세울 수 있다. 3. 자신의 장점과 단점 등의 특성을 파악하여 올바른 진로를 탐색할 수 있다.			
교과 연계성	이 활동은 자신이 가진 성격, 행동에 대한 장점과 단점을 파악하고 현재 진로 발달 단계에 맞춰 자신의 장점과 단점을 보완, 발전시킬 수 있도록 도와준다.			

진로 역량	대영역	중영역	하위영역	세부내용
	진로관리	진로설계	진로 계획	진로목표를 이루기 위한 실천 계획을 가지고 있는 상태

활동목표	1. 관심 진로에 대한 자신의 강점과 능력을 평가하고 향상시킬 수 있다. 2. 자신의 강점을 발전시키고 약점을 보완하는 방법을 확인할 수 있다.
성취기준	1. 자신의 장점과 단점을 확인하고 보완, 발전시킬 수 있는 방법을 스스로 계획할 수 있다.
세부 활동내용	[활동지1] 1. 여러 가지 자신의 장점과 단점에 대해 마인드맵을 그려 보자. 2. 마인드맵을 통해 나타난 자신의 장점과 단점을 보완할 수 있는 방법에 대해 계획을 세워 보자. 3. 앞으로 새롭게 개발할 수 있는 나의 장점은 무엇인지 친구에게 설명해 보자.
교사역할	1. 수업 소개 2. 활동 소개 3. 활동 참여 방법 소개 4. 결과물 공유하기 안내 5. 평가 방법 설명하기
학생역할	1. 해당 수업 소개를 잘 듣고 수업 목표 숙지하기 2. 활동 소개를 잘 듣고 활동목표와 성취기준에 대해 이해하기 3. 활동 참여 방법을 잘 이해하고 적극적인 참여 태도를 갖기 4. 결과물을 동료학습자와 공유하는 방법을 이해하고 준비하기 5. 평가 방법을 이해하고 학습목표에 도달하였는지 점검하기

시간	세부 주제	활동1 이해하기 - 학습목표	학습자료
20분	나의 장단점 파악하기	– 내가 가진 장단점을 정확하게 파악하고 구체적으로 설명할 수 있다. – 내가 가진 단점을 나열하고 이러한 단점을 극복할 수 있는 방안을 제시할 수 있다.	– 활동지1 – 파워포인트 자료

◆ 다음 영상을 보고 자신의 약점을 극복한 사례를 알아 보자. 그리고 자신이 생각하는 자신만의 강점과 단점을 각각 2가지를 생각해 보고 자신만의 강점을 구체적으로 서술하고 자신의 단점을 극복할 수 있는 방안에 대해 생각해 보자.

– 유튜브 채널, 세바시(세상을 바꾸는 시간) 강연을 보고 자신의 약점을 극복한 사례를 알아 보자.

https://www.youtube.com/watch?v=dxqMGLrJ8GU

자신만의 강점	내용	자신의 단점	보완 방법
1.		1.	
2.		2.	
토론			

시간	세부 주제	활동2 토의하기 - 학습목표	학습자료
35분	나의 대인관계 능력 파악하기	– 대인관계 역량 검사지를 활용하여 나의 대인관계 역량 수준을 점검할 수 있다. – 바람직한 대인관계를 형성하기 위한 개선 방법과 그에 따른 실천 방안에 대해 말할 수 있다.	– 활동지2 – 대인관계 역량 검사지 결과 해석 매뉴얼

◆ 나의 대인관계 역량 수준을 평가해 보자.

구분	질문	상	중	하
1	나는 다른 사람들도 나와 같은 감정과 권리를 갖고 있다고 생각한다.			
2	나는 어떤 상황에서든 상대방의 마음은 어떨까를 생각하는 편이다.			
3	나는 사람들이 나에게 부정적인 이야기를 해도 크게 상처받지 않는다.			
4	사람들이 나를 비판할 때 나의 존재 가치에 대한 것이 아니라 나의 행동이나 말에 대한 비판이라고 생각한다.			
5	나는 처음 만나는 사람이나 별로 친하지 않은 사람과도 스스럼없이 이야기를 하는 편이다.			
6	남의 이야기를 잘 들어주는 편이다.			
7	혼자하는 것보다 여러 사람이 함께 하는 일이 성과가 좋다고 생각한다.			
8	나는 남을 잘 도와주는 편이다.			
9	나는 약속을 잘 지키는 편이다.			
10	내가 맡은 일은 책임감 있게 마무리 짓는 편이다.			
11	나는 사람들이 사는 사회에는 언제나 갈등이 있기 마련이라고 생각하는 편이다.			
12	나는 갈등을 피하기보다는 서로 협의하여 문제를 해결하는 편이다.			

◆ 나의 대인관계 역량 수준을 확인해 보자.

수준	나의 수준은?	근거
대인관계 능력이 좋은 편이다.		
대인관계에 관심을 갖는 노력이 필요하다.		
대인관계 능력을 높이기 위한 적극적인 노력이 필요하다.		

◆ 바람직한 대인관계 능력 형성을 위한 개선 방법 및 실천 방법에 대해 이야기해 보자.

개선이 필요한 부분	도움이 필요한 방법	도움을 줄 수 있는 방법

시간	세부 주제	활동3 협력하기 - 학습목표	학습자료
30분	나와 가족과의 관계	– 나와 부모님과의 가족관계에 대해 진솔하게 말할 수 있다. – 나의 부모님과의 갈등 상황에서 슬기롭게 해결할 수 있는 방안에 대해 설명할 수 있다.	– 활동지3 – 예시물: '자녀와의 스마트폰 문제' 뉴스 기사

◆ 나와 부모님 또는 형제지간의 가족관계에 대해 구체적으로 설명하고 평가해 보자. 또한 다음 예시와 같은 갈등 상황에서 슬기롭게 해결할 수 있는 방법에 대해 생각해 보자.

– 경기일보 [청소년 Q&A] 자녀와의 스마트폰 문제, 어떻게 해야 할까요?

'강압적 압수 금물⋯ 스마트폰 사용 계획 함께 세워요'

Q. 자녀가 스마트폰을 많이 사용해서 걱정이에요. 밤낮을 가리지 않고 스마트폰을 사용하며 방에서 나오려고 하지 않아요. 대화를 시도해 보기도 하고 야단을 치거나 뺏어보기도 했지만, 그 순간일 뿐 다시 스마트폰을 사용합니다. 이럴수록 자녀와 관계만 나빠지는 것 같고 어떻게 하면 좋을까요?

A. 청소년들이 스마트폰 사용에 몰두하게 되는 이유는 학업이나 대인관계 등에서 오는 어려움의 회피수단이자 또래와의 의사소통 도구이기 때문입니다. 또한 스마트폰을 통해 자유롭게 자신을 표현하거나 흥미, 욕구를 충족시켜줘 스마트폰에 몰두하게 되기도 합니다.

스마트폰 과의존의 상태를 3가지로 볼 수 있습니다. 스마트폰 사용에 대한 개인의 자율적 조절능력이 떨어지는 '조절실패', 스마트폰 사용행동이 개인에게 가장 중요한 활동이 되는 '현저성', 스마트폰 사용으로 인해 신체적·사회적으로 부정적인 결과를 경험하지만 스마트폰 사용을 지속적으로 이용하는 '문제적 결과'와 같은 상태입니다. 특히, 청소년들은 조절실패에서 가장 큰 어려움을 겪는 것으로 나타났습니다.

따라서 청소년에게 스마트폰 사용을 스스로 조절하는 방법을 습득하는 것이 매우 중요합니다. 먼저 자녀가 스마트폰을 멀리할 수 있는 환경조성이 필요합니다. 대화할 시간을 갖거나 다양한 활동(보드게임, 영화, 야외활동 등)을 하며 함께 시간을 보내는 것이 좋습니다. 또한, 스마트폰 사용습관을 관찰하고 스마트폰 사용에 대한 계획을 자녀와 함께 설정하고 점검함으로써 계획을 지킬 수 있도록 지지해주는 것이 좋습니다. 주의할 점은 스마트폰을 압수하는 등 강압적인 행동은 부모에게 반항하거나 몰래 스마트폰을 하게 하는 부정적인 결과를 초래하기 때문에 삼가야합니다.

더 전문적인 도움을 받고자 하시는 분은 수원시청소년상담복지센터 또는 청소년전화로 문의하시기 바랍니다.

이완우 수원시청소년상담복지센터 상담원

출처: 경기일보 – 1등 유료부수, 경기·인천 대표신문(http://www.kyeonggi.com)

• 나의 의견	
• 부모님의 의견이나 수용 여부	
• 부모님과 나와의 간극을 줄이는 방법은?	

시간	세부 주제	활동4 문제해결하기 - 학습목표	학습자료
20분	부모와의 진로 갈등해결하는 의사소통 방법	−부모와의 진로 갈등 상황을 가정해 보고, 이를 해결할 수 있는 나만의 의사소통 방법을 개발할 수 있다.	−활동지4 −예시문: '부모세대의 직업관으로 자녀 '진로지도'해선 안돼' 뉴스 기사

◆ 다음과 같은 부모와의 진로 갈등 상황을 가정해 보고, 이를 해결할 수 있는 나만의 의사소통 방법을 소개하고 이 중에 가장 적절한 해결책으로 생각되는 방법을 선정해 보자.

부모세대의 직업관으로 자녀 '진로지도'해선 안돼

부모들도 자녀의 진로지도에 대한 관심이 높다. 하지만 여전히 부모세대의 시각에서 자녀의 진로문제에 접근하는 것 같다.

"부모들이 행복의 기준을 경제적 능력, 사회적 지위 등에 두는 것은 교육정책의 변화와는 별개로 사회적인 고정관념의 문제다. 진로교육이 강화된다고 해서 일순간에 바뀔 수 있는 부분은 아니라고 본다. 고착화된 학벌주의, 대학 서열화를 직접 겪으며 부모들이 내린 냉정한 현실 인식에 바탕을 두고 있기 때문이다. 그래서인지 자녀가 좋은 직업을 갖기 위해서는 '학습'을 더 강화해야 한다고 생각하는 부모도 많다.

요즘 아이들은 목표 직업으로 공무원이나 교사 등 안정추구형 직종을 꼽는다고 한다. 직업 선택에 있어 고용안정성을 중시하는 부모세대의 가치판단이 자녀에게 전달됐기 때문이다. 하지만 이렇게 제한된 진로 정보만으로 아이의 미래를 결정하는 건 바람직하지 않다. 아이의 꿈의 크기를 제한함으로써 더 큰 성장을 방해하는 결과를 낳을 수도 있다.

기존에 선호하던 직업인 의사, 변호사 등은 전문대학원 체제가 도입되면서 그 위상이 흔들리고 있다. 반면 스마트폰 앱 개발자 등의 새로운 직업군의 인기는 고공행진 중이다. 부모세대의 직업관으로 급변하는 지식정보화 시대를 살아갈 아이들을 지도하고 있지는 않은지 고민해 봐야 한다."

진로선택의 시기에 부모와 자녀의 갈등이 빚어지곤 한다. 자녀가 하고 싶은 일과 부모가 바라는 일이 다른 경우 어떻게 하는 게 좋은가?

"진로선택에서 갈등 상황이 일어나는 주된 이유는 정확한 정보가 부족하기 때문이다. 아이들이 어떤 일을 하고 싶다는 건 그 분야에 흥미가 있다는 것이다. 따라서 부모는 폭넓고 정확한 진로 정보를 바탕으로 자녀와 대화를 시도해야 한다. 예를 들어 연예인을 좋아하는 아이가 '스타일리스트'가 되고 싶다면 부모는 대개 연예인에 대한 단순한 선망이라고 생각하고 만다.

그런데 아이의 처지에선 연예인을 가까이하는 직업들 가운데 자신이 잘할 수 있는 일을 나름대로 고민한 것일 수도 있다. 이런 경우 부모는 자녀가 방송과 패션에 대한 관심이 있다는 점을 알아야 한다. 부모의 생각을 일방적으로 강요하기보단 다양한 직업정보를 조사해 알려주거나 스스로 직업탐색을 할 수 있게 도와줘야 한다."

원문보기:http://www.hani.co.kr/arti/society/schooling/472343.html#csidx2d3c184daff1b4eb36c44d6c81833b8

구분	
부모와의 진로 갈등 상황은 무엇인가?	
부모님의 요구 사항은 무엇인가?	
나의 요구 사항은 무엇인가?	
원만한 해결을 위한 의사소통 방법을 실천해 보자.	

◉ 미디어 자료

활동1 이해하기

https://www.youtube.com/watch?v=dxqMGLrJ8GU

활동3 협력하기

경기일보 [청소년 Q&A] 자녀와의 스마트폰 문제, 어떻게 해야 할까요?

URL: https://www.kyeonggi.com/news/articleView.html?idxno=2352743

활동4 문제해결하기

부모세대의 직업관으로 자녀 '진로지도' 해선 안돼

http://www.hani.co.kr/arti/society/schooling/472343.html#csidxe8699b56d0b8712907cc04ded9dc01a

고등학교 진로역량 강화를 위한 기본수업활동 1-3-1

I. 나를 찾으러 여행을 떠나라 - 3. 자아정체감 및 존중감의 의의 및 확립

학습단원	대단원	I. 나를 찾으러 여행을 떠나라	소단원	3. 자아정체감 및 존중감의 의의 및 확립
수업구성	교과서 페이지	36 – 41	활동방법	모둠/토론활동
	시간(분)	50분	평가방법	모둠별 발표하기
학습목표		1. 자신의 자아정체감 및 자아존중감 확립의 중요성을 이해하고, 고등학교 시기에 맞는 자아정체감과 존중감을 확립할 수 있다.		
교과 연계성		이 활동은 긍정적인 언어표현이 원만한 인간관계를 형성하는 데 중요함을 이해하고, 이를 바탕으로 긍정적 언어습관을 익혀 의사소통 역량을 키울 수 있게 도와준다.		

진로 역량	대영역	중영역	하위영역	세부내용
	진로관리	진로인식	직업의식	사회 진출 후 직업인으로서 바른 태도와 행동을 유지하기 위한 도덕관 및 가치관

활동목표	1. 직업 생활에서 의사소통의 중요성을 이해하고 효과적인 의사소통 능력을 기를 수 있다. 2. 직업 생활에서 팀워크와 의사소통의 중요성을 이해할 수 있다.
성취기준	1. 긍정적인 언어습관이 대인관계를 원만히 함을 이해하고 의사소통에 있어서 긍정적 표현을 익히고 표현할 수 있다.
세부 활동내용	[활동지1] 1. 자신의 언어습관을 파악하고, 자주 반복되는 부정적인 언어를 긍정적인 언어로 바꾸는 연습을 해 보자. 2. 자신의 의사소통 방법을 파악하고 잘 경청하는 습관을 익혀 보자.
교사역할	1. 수업 소개 2. 활동 소개 3. 활동 참여 방법 소개 4. 결과물 공유하기 안내 5. 평가 방법 설명하기
학생역할	1. 해당 수업 소개를 잘 듣고 수업 목표 숙지하기 2. 활동 소개를 잘 듣고 활동목표와 성취기준에 대해 이해하기 3. 활동 참여 방법을 잘 이해하고 적극적인 참여 태도를 갖기 4. 결과물을 동료학습자와 공유하는 방법을 이해하고 준비하기 5. 평가 방법을 이해하고 학습목표에 도달하였는지 점검하기

시간	세부 주제	활동1 이해하기 - 학습목표	학습자료
30분	언어습관의 중요성	−바람직한 언어습관에는 어떤 것들이 있는지 이해할 수 있다. −좋은 언어습관이 우리 삶에 미치는 긍정적인 영향에 대해 파악할 수 있다.	−활동지1 −영상 시청 기기

◆ 다음에서 소개하는 책의 내용을 생각해 보고 내가 생각하는 바람직한 언어습관은 어떤 것이 있는지 말해 보자.

[도서명] 긍정의 말습관

요즘 시중에 보면 말(언어)의 가치와 중요성을 주제로 다루는 책이 베스트셀러로 사람들에게 많은 사랑을 받고 있는 현상이 두드러진다. 말이 생각을 담는 그릇이라는, 꽤 진부한 격언을 새삼 거론하지 않더라도, 우리는 누구나 살면서 말이 정말 중요하다는 사실을 부정할 수는 없을 것이다. 그런데 돌이켜보면 마음 속 깊이 숨기고 있던 생각이나 의식기 부지불식간에 혼잣말이나 다른 사람들과의 대화 속에서 불쑥 튀어나오는(그래서 난처했던) 경험이 한두 번은 다 있으리라. 물론 별 의미 없이 지나치면 그만이겠지만, 자기 자신의 내면을 찬찬히 뜯어보면 결국 그 말이 나의 기본적 태도나 생각을 반영하는 것은 분명하다. 이런 점에서 오수향이 쓴 이 책은 우리의 언어습관이나 태도의 변화가 결국 우리의 삶 전반에 큰 영향과 결과로 이어질 수 있음을 잘 보여준다. 저자는 언어습관의 변화로 생활이 완전히 바뀌는 경험을 했던 사람들의 실제 경험담을 바탕으로, 대다수의 사람들이 흔히 내뱉는 부정적 또는 소극적 언어 구사를 지적하고 그에 대한 처방을 제시한다. 사람들과의 관계에서 의사소통의 중요성을 절감하는 사람이라면, 남들에게 비치는 자신의 첫인상은 물론이고 자신의 생활태도를 더욱 긍정적이고 적극적으로 바꿀 수 있도록 도움을 주는 이 책에서 많은 유익을 얻을 수 있을 것으로 본다.

◆ 좋은 언어습관이 우리 삶에 미치는 긍정적인 영향에 대해 생각해 보자.

영상 시청하기

왜 우리 뇌는 부정어를 더 잘 기억할까요? 부정어는 생존의 위협을 가합니다. 그래서 뇌가 살아남기 위해서 부정어를 본능적으로 더 잘 기억합니다. 부정어를 듣는 생명체는 왜 생명을 잃을까요? 부정어가 만들어내는 죽음의 호르몬 때문입니다. 매탐인 빌딩 대학 SDL University www.sdluniversity.org

출처: https://www.youtube.com/watch?v=hcvkeifNFm8

시간	세부 주제	활동2 토의하기 - 학습목표	학습자료
30분	나의 언어습관	− 나의 긍정적인 언어습관과 부정적인 언어습관에 대해 파악할 수 있다. − 갈등 상황을 합리적으로 해결할 수 있는 대화법을 연습해 봄으로써 긍정적인 언어습관을 기를 수 있다.	− 활동지2 − 파워포인트 자료

◆ 내가 자주 사용하는 부정적인 언어 15가지를 나열하고 이에 상응하는 긍정적인 언어 10가지를 써보자.

나의 부정적인 언어습관	이유	나의 긍정적인 언어습관으로 바꿀 수 있는 방법
1.		1.
2.		2.
3.		3.
4.		4.
5.		5.
6.		6.
7.		7.
8.		8.
9.		9.
10.		10.

◆ 친구와 갈등 상황에서 긍정적인 언어로 대화하는 습관을 연습해 보자.

갈등 상황	내가 사용할 수 있는 긍정적인 언어들
예시) 귀가 시간이 늦었음에도 불구하고 친구들이 PC방이나 노래방에서 더 놀다 가자고 재촉하는 상황에서 자신은 귀가해야만 하는 상황을 생각하면서 친구와 긍정적인 언어로 대화를 나눠 보자.	

시간	세부 주제	활동3 협력하기 - 학습목표	학습자료
30분	감정코칭과 소통	－감정코칭의 의미와 단계를 정확하게 파악할 수 있다. －감정코칭 방법을 사용하여 올바른 소통방법을 연습할 수 있다.	－활동지3 －예시물: 감정코칭 영상

◆ 다음 영상을 시청하고 감정코칭의 의미와 감정코칭 5단계를 설명해 보자.

[감정코칭]

감정코칭은 부모가 자녀의 마음을 잘 알아주고 자녀의 감정에 잘 반응하는 것을 말한다. 학부모, 교사가 아니더라도 같은 반 친구가 다른 친구들의 마음을 충분히 알아주고, 감정 순간을 좋은 기회로 삼아 그 감정에 공감하고 경청하고 올바른 감정 표현을 도와준다면 친구가 문제를 스스로 해결할 수 있도록 도와줄 것이다.

출처: https://www.youtube.com/watch?v=Gx_pDpoRpck

◆ 감정코칭 5단계를 이용하여 다음의 친구를 도와주는 방법을 생각해 보자.

감정코칭 5단계:

1) 친구의 감정 인식하기
2) 감정적인 순간을 좋은 기회로 삼기
3) 친구의 감정에 공감하고 경청하기
4) 친구가 감정을 (적절하게) 표현하도록 도와주기
5) 친구가 스스로 문제를 해결할 수 있도록 하기

• 친구 A는 이번 모의고사를 망치게 되었다. 전날까지 같이 공부한 친구 B가 학교 근처 스터디룸에서 같이 공부할 때 방해하고 자꾸 게임방에 가자고 하였기 때문에 화가 많이 난 상태이다. 점심시간에 A와 B는 서로 말다툼을 하기 직전에 이르렀다.

시간	세부 주제	활동4 문제해결하기 – 학습목표	학습자료
20분	나만의 긍정적인 의사소통 활용하기	–자신이 가지고 있는 올바른 의사소통 방법과 이번 시간에 학습한 소통 방법(예, 긍정적 언어습관 또는 감정코칭)을 활용하여 문제를 해결할 수 있다.	–활동지4 –예시문: 무한도전 영상 시청

◆ 다음은 MBC의 인기 오락 프로그램이었던 무한도전의 일부분이다. 친구와 짝을 지어 이번 시간에 배운 의사소통 방법을 활용하여 친구와 감정코칭을 통해 바람직한 대인관계를 형성해 보자.

[무한도전]

박명수: "그랬구나~ 길이가 많이 서운했구나"
길: "떡을 보냈는데 못 받으셨어요…"
박명수: "그랬구나~ 길이가 많이 화났구나"
길: "단체 문자였지만, 명수 형만 특별한 문자를 보냈어요"

출처: https://www.youtube.com/watch?v=dy_pEY6lICY

친구A	
친구B	
친구A	
친구B	
친구A	
친구B	
친구A	
친구B	

🔅 미디어 자료

활동1 이해하기

https://www.youtube.com/watch?v=hcvkeifNFm8

활동3 협력하기

https://www.youtube.com/watch?v=Gx_pDpoRpck

활동4 문제해결하기

https://www.youtube.com/watch?v=dy_pEY6lICY

고등학교 진로역량 강화를 위한 기본수업활동 1-4-1

I. 나를 찾으러 여행을 떠나라 - 4. 종합적인 나의 이해와 진로

학습단원	대단원	I. 나를 찾으러 여행을 떠나라	소단원	4. 종합적인 나의 이해와 진로
수업구성	교과서 페이지	42 - 49	활동방법	모둠/토론활동
	시간(분)	50분	평가방법	모둠별 발표하기
학습목표	1. 자신의 특성을 종합적으로 이해하고 자신에게 적합한 진로를 탐색할 수 있다.			
교과 연계성	이 활동은 대화나 발표와 같은 다양한 상황에 맞는 의사소통 방법을 이해하고 더 나은 사회적 관계를 형성하기 위한 효과적인 의사소통 방법을 연습할 수 있게 도와준다.			

진로 역량	대영역	중영역	하위영역	세부내용
	진로관리	진로설계	진로의사 결정능력	진로를 결정하는 데 다양한 정보를 수집하고 비교하여 결정하는 능력

활동목표	1. 직업 생활에서 의사소통의 중요성을 이해하고, 효과적인 의사소통 능력을 향상시킬 수 있다. 2. 다양한 상황에 맞는 의사소통 방법을 알고 사용할 수 있다.
성취기준	1. 상황에 맞는 의사소통 방법을 이해하고 자신의 생각을 자신있게 말할 수 있다.
세부 활동내용	[활동지1] 1. 합리적인 대화법 또는 표현법을 이해하고 일상생활 속에서 비합리적인 표현을 합리적인 표현으로 바꾸어 보자. 2. 모둠 구성을 통해서 구성원과 함께 나 전달법을 익히고 자신감을 가지고 효과적인 표현 방법을 연습해 보자.
교사역할	1. 수업 소개 2. 활동 소개 3. 활동 참여 방법 소개 4. 결과물 공유하기 안내 5. 평가 방법 설명하기
학생역할	1. 해당 수업 소개를 잘 듣고 수업 목표 숙지하기 2. 활동 소개를 잘 듣고 활동목표와 성취기준에 대해 이해하기 3. 활동 참여 방법을 잘 이해하고 적극적인 참여 태도를 갖기 4. 결과물을 동료학습자와 공유하는 방법을 이해하고 준비하기 5. 평가 방법을 이해하고 학습목표에 도달하였는지 점검하기

시간	세부 주제	활동1 이해하기 - 학습목표	학습자료
30분	나 전달법	-'나 전달법'과 '너 전달법'의 비교를 통해 전달법의 차이를 이해할 수 있다. -'나 전달법' 연습을 통해 친구와 바람직한 의사소통 방법을 기를 수 있다.	-활동지1 -나 전달법 설명서

◈ '나 전달법'과 '너 전달법'을 비교하면서 전달법의 차이를 설명해 보자.

나 전달법과 너 전달법

우리는 대화하면서 서로의 마음을 상하게 하지 않길 원한다. 그렇지만 내 맘과 뜻대로 되지 않고 상대에게 상처를 줄 때가 많이 있다. 서로에게 상처 주지 않고 대화하려면 어떻게 해야할까? '너 전달법'이 아니라 '나 전달법'을 활용하면 된다. **핵심은 상대방을 비난하거나 판단하지 말고 나의 감정과 욕구를 전달하면서 말하는 것이다.**

너 전달법은 'You-message, 너 메시지'라고도 이야기한다. 주체가 '너'가 되는 것인데, 예를 들면 "왜 그랬어?" "너 누가 그렇게 하래?" "집에서 쿵쿵 뛰지 말라고 했잖아" 이런 말들이다. **'너'의 행동을 비난하고, 판단하는 말하기 방식이**다. 문제의 주체를 '너'로 설정했으니 듣는 사람의 마음이 상할 수밖에 없다.

나 전달법은 'I-message, 나 메시지, 아이메시지'라고도 표현한다. 주체가 '나'로 바뀌면서 이런 상황에서 내가 어떤 감정인지를 전달해주는 데 초점이 맞추어져 있다. 예를 들면 "난 잘 이해가 안가" "나는 참 걱정스러워" "나는 네가 그렇게 말하는 걸 들으면 마음이 아파" 이런 말들이다. **상대방의 말이나 행동을 비난하기보다는 현재 내가 느끼는 감정과 생각을 전달해 준다.**

다른 사람의 감정을 상하지 않게 하면서, 자신의 욕구를 표현하여, 상대방 스스로 행동을 수정할 수 있도록 하는 효과적인 표현 기법이 '나 전달법'이다.

출처: https://blog.naver.com/seoseoulline/222228812884

◈ 다음 예시를 통해 나 전달법 과정을 사용하여 바람직한 의사소통 방법을 연습해 보자.

[나 전달법] 예시-중요한 전화를 하는데 상대방이 옆에서 떠들면 보통 "시끄러우니까 조용히 좀 해!"라고 했다면, 나 전달법을 사용할 경우…

1단계	(사실) 다른 사람의 행동 중에서 내가 수용할 수 없는 행동과 그 이유는 무엇인가?	사실	네가 ~하면(행동 서술)	
2단계	(나의 감정) 그 행동이 나에게 미치는 구체적인 감정은 무엇인가?	나의 감정	나는 ~라고 느낀다(느낌 서술).	
3단계	(바람) 그 행동이 어떻게 변화되길 원하는가?	바람	왜냐하면 ~이기 때문이다(이유 서술). 그래서 ~하면 좋겠다(노력, 바람, 방법 서술).	

시간	세부 주제	활동2 토의하기 – 학습목표	학습자료
30분	합리적 대화법	−합리적 대화법에 대한 설명을 보고 합리적 대화법의 의미를 이해할 수 있다. −합리적 대화법이 필요한 상황을 가정하고 합리적 대화법을 적용할 수 있다.	−활동지2 −합리적 대화법 파워포인트 자료

◈ 다음의 합리적 대화법을 숙지하고 예시 상황에서 합리적 대화법을 연습해 보자.

[합리적 대화법의 기본 원리]

제1요소(사실)
평가, 비난 없는 사실 서술
−상대방 행동의 서술 −상대방 행위로 인한 구체적인 영향

제2요소(감정)
나의 감정
나의 감정 서술

제3요소(바람)
나의 바람
나의 바람 서술

예시 상황	제1요소	제2요소	제3요소
현재는 수업이 끝난 후 쉬는 시간에도 부족한 내용을 보완하기 위해 열심히 복습을 한다. 하지만 그럴 때마다 미래는 옆에서 큰 소리로 떠들거나 노래를 부르는 등 방해하는 행동을 일삼는다. 이 상황에서 현재가 할 수 있는 합리적인 대화법을 작성해 보자.			

시간	세부 주제	활동3 협력하기 – 학습목표	학습자료
30분	공부할 때 대화법	– 친구와 공부할 때 필요한 대화법을 알아 보고 연습을 통해 학습 대화법 역량을 기를 수 있다.	– 활동지3 – 예시

◆ 다음이 설명하는 학습 대화법의 단계를 이해하고 예시 활동을 통해 학습 대화법을 익혀 보자.

[학습 대화법]

단계	내용
1단계	대화의 시작 "네 생각은 어때?"
2단계	적극적 듣기 "문제 있어?"
3단계	학습자료와 상호작용하기 "설명하기"
4단계	친구와 짝을 이뤄 대화하기 "대화해 보자"
5단계	토론 게임하기 "찬반 논쟁하기"

[예시]

예시문	'나는 셜록홈즈다, 나는 명탐정 코난이다'라고 선언한 후 대화를 하면 학생들은 좀 더 열심히, 보다 자세히 듣는 경향성을 보이게 됩니다. 일명 탐정 되기는 듣기의 자세만이 아니라 말하기의 태도에서도 아주 좋은 효과를 나타냅니다. 마치 탐정처럼 자세히 듣게 되고 그것에 대한 의문점을 다시 되물어 질문하게 하는 효과를 가져오는 좋은 전략이 될 수 있습니다.
1단계	
2단계	
3단계	
4단계	
5단계	

시간	세부 주제	활동4 문제해결하기 – 학습목표	학습자료
20분	온라인 소통하기	− 온라인 포토샵 프로그램을 활용하여 친구를 위한 포스터를 제작해 보고 이를 통해 친구와 친밀한 소통을 할 수 있다.	− 활동지4 − 예시

◆ 온라인상 무료 소스로 이용할 수 있는 pixlr.com 에디터를 활용하여 친구와 어울릴만한 영화 포스터를 선정하여 친구을 얼굴을 입히고 편집 기능을 사용하여 친구만을 위한 영화 포스터를 제작한다. 이를 활용하여 친구와 친밀한 소통 및 대인관계를 형성해 보자.

[여러분들도 디자이너가 될 수 있습니다!]

디자인은 그동안 전문적인 일로 훈련받은 소수의 사람들만 할 수 있는 일로 여겨졌다. 포토샵, 인디자인, 3D CAD 등 고가의 소프트웨어를 구입해야 하고 특별한 훈련이 필요했다. 하지만 이제는 디지털 기술의 도움으로 디자인은 누구나 쉽게 할 수 있는 일이 되었다. 다양한 디자인 플랫폼들이 생겨서 플랫폼에서 제공하는 템플릿을 따라 하기만 해도 훌륭한 디자인 결과물을 만들어 낼 수 있다. pixlr.com 에디터를 활용하여 친구를 위한 특별한 영화 포스터를 제작해 보자.

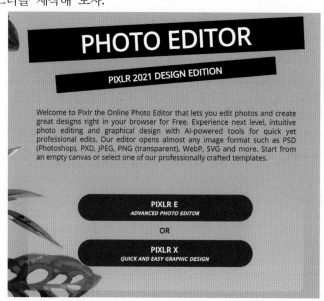

🔘 미디어 자료

> **활동1 이해하기**
>
> https://blog.naver.com/seoseoulline/222228812884
>
> **활동4 문제해결하기**
>
> https://pixlr.com/

Ⅱ

다양한 진로탐색을 하다

청소년의 진로설계역량을 강화하기 위한 고등학생용 진로워크북

II. 다양한 진로탐색을 하다　1. 다양한 직업세계의 이해

학습단원	대단원	II. 다양한 진로탐색을 하다	소단원	1. 다양한 직업세계의 이해
수업구성	교과서 페이지	54 – 65	활동방법	모둠/토론활동
	시간(분)	50분	평가방법	모둠별 발표하기
학습목표	1. 다양한 직업의 종류와 특성을 이해하고, 직업탐색을 통하여 직업의 다양성을 설명할 수 있다.			
교과 연계성	이 활동은 자신의 진로와 관련된 산업분야에 대한 구체적인 정보를 탐색하여 진로설계에 참고하기 위한 활동이다.			

진로 역량	대영역	중영역	하위영역	세부내용
	진로관리	진로인식	직업의식	사회 진출 후 직업인으로서 바른 태도와 행동을 유지하기 위한 도덕관 및 가치관

활동목표	1. 창업과 창직의 필요성을 이해하고 관련 계획을 세워 본다. 2. 관심분야의 직업이나 사업을 구상하고 계획하는 모의 활동을 할 수 있다.
성취기준	1. 자신의 관심분야의 사업을 구상하여 모의 창업 계획서를 만들 수 있다.
세부 활동내용	[활동지1] 1. 자신의 진로와 관련된 산업분야에 대한 정보를 탐색하고 이를 바탕으로 하여 창업계획서를 작성해 보자. 2. 자신의 세운 회사의 로고와 자신의 명함을 제작해 보자. 3. 자신이 만든 회사의 직원을 채용해 보고 어떤 직원이 필요한지 그 이유를 설명해 보자.
교사역할	1. 수업 소개 2. 활동 소개 3. 활동 참여 방법 소개 4. 결과물 공유하기 안내 5. 평가 방법 설명하기
학생역할	1. 해당 수업 소개를 잘 듣고 수업 목표 숙지하기 2. 활동 소개를 잘 듣고 활동목표와 성취기준에 대해 이해하기 3. 활동 참여 방법을 잘 이해하고 적극적인 참여 태도를 갖기 4. 결과물을 동료학습자와 공유하는 방법을 이해하고 준비하기 5. 평가 방법을 이해하고 학습목표에 도달하였는지 점검하기

시간	세부 주제	활동1 이해하기 - 학습목표	학습자료
25분	창업의 이해	- 창업의 차이와 개념을 이해할 수 있다. - 창업을 할 때 가져야 할 목표점들에 대해 이해할 수 있다.	- 열린창업신문

◈ **창업이란 무엇일까?**

1. 창업의 개념에 대해 이해해 본다.

> **'창업'의 정의(표준국어대사전)**
>
> 창업(創業) [명사] 1. 나라나 왕조 따위를 처음으로 세움.
>
> 　　　　　　　　　 2. 사업 따위를 처음으로 이루어 시작함.

• 사전적으로 정의된 창업의 가치와 현실에서의 창업의 의미를 생각해 보자.

_____

_____

_____

_____

2. 다음의 사례를 통해 창업 동기란 무엇인지 말해 보자.

> 워즈니악은 과거 수줍음이 많은 학생이었다. 그는 자신을 '혼자 방구석에서 무엇인가 생각하고 작업하는 사람'이라고 표현했다. 다만 무엇인가를 만들고 그것이 작동하는 것을 볼 때마다 희열을 느끼면서 컴퓨터도 만들게 됐다고 IT 업계에 종사하게 된 계기를 전했다.
>
> 그는 스티브 잡스와 함께 애플을 창업하게 된 계기도 들려줬다. 워즈니악은 "내가 무엇이 하고싶고, 되고 싶은지가 중요하다"며, "세상을 더 낫게 만들고 싶다는 소망을 핵심가치로 삼고 회사를 차리게 됐다"고 소개했다.
>
> 출처: 애플 창업자 워즈니악, 그의 성공 비법은? 中
> http://www.newspim.com/news/view/20120531000740

• 워즈니악이 지녔던 창업 동기가 무엇인지 이야기해 보자.

_____

_____

_____

_____

시간	세부 주제	활동2 토의하기 - 학습목표	학습자료
35분	창업의 지향점 설정	−창업을 준비하며 지향점을 그려볼 수 있다.	−활동지1

1. 내가 만들고 싶어하는 회사를 브레인스토밍해 보자.

1) 내가 만약 회사를 만든다면, 무엇을 하는 회사를 만들고 싶은지 말해 보자.	나의 회사는 ＿＿＿＿＿＿＿＿ 하는 회사를 만들고 싶다.
2) 회사의 명칭을 적어 보자.	나의 회사이름은 ＿＿＿＿＿＿＿＿＿＿ 이다.
3) 회사를 상징하는 로고나 엠블럼을 만들어 보자.	＜로고＞
4) 내가 함께 일하고 싶은 구성원을 조직해 보자.	예, 기획부, 제작부, 영업부, 경영관리부, 등등…

• 창업을 통해 장기적으로 이루고 싶은 목표는 무엇입니까?

_____

_____

_____

_____

2. 자신이 꼭 필요하거나 일하고 싶은 3사람을 선정하여 그 이유를 설명해 보자.

누구?	주요 업무는?	반드시 필요한 이유는 무엇인가요?

시간	세부 주제	활동3 협력하기 - 학습목표	학습자료
30분	창업을 위한 실재적 준비	-창업을 위한 단계적인 목표를 설정할 수 있다.	

1. 단계적 목표의 중요성을 이해해 보자.

A씨는 자신의 흥미를 살려 디자인을 전문으로 하는 1인 기업을 세우고자 하였다. 이를 위해 부모님의 도움을 받아 도시 중심의 사무실을 빌리고, 고가의 태블릿과 장비들을 구매하였다. 하지만 A씨는 디자인 관련 영역에서 일을 해본 적도 없고, 그래픽 디자인을 전문적으로 배우지 않았다. 결국 A씨는 일거리를 많이 받지 못한 채 사무실 임대비를 감당하지 못하게 되었다.

• A씨가 그래픽 디자이너로 창업하기 전에 준비해야 했던 단계는 무엇이 있을까?

2. 자신이 설정한 창업의 단계적인 목표를 순서대로 설명해 보자.

1. 창업 아이템 물색 및 선정

2. 사업타당성 검토와 창업 자금 조달 가능성 검토

3. 사업장 입지 결정

4. 창업 실행

5. 개업 준비와 서류 준비

6. 홍보와 개업

시간	세부 주제	활동4 문제해결하기 – 학습목표	학습자료
20분	창업과 그 이후	– 단계적 목표를 통해 창업을 이룬 후 방향에 대해 이야기한다.	

1. 창업에 성공한 이후의 삶의 목표를 설정한다.

tvN '유 퀴즈 온 더 블록'에서는 카이스트에 766억원을 기부해 화제가 된 이수영 회장이 출연했다. 이 회장은 "그때 우리 어머니가 대문 밖에다가 솥단지를 걸어놓고 감자 고구마 이런 거를 썰어놓고 쌀을 둥둥 띄우고 된장을 넣어서 골목 안의 사람들한테 나눠줬다"며 "그게 내 마음 속에 싹이 됐고 돈을 벌면 적어도 사회에 환원해서 사람들을 도와주면서 살아야겠다고 생각했다"고 이야기했다. 한편 이수영 회장은 총 3번에 걸쳐 766억원의 금액을 카이스트에 기부했다. 이에 설립된 '이수영 과학교육재단'의 수익금은 '카이스트 싱귤래러티(Singularity) 교수' 지원을 통한 노벨상 연구 기금으로 쓰인다.

출처: https://www.news1.kr/articles/?4075237 '카이스트에 766억 기부' 이수영 회장 "과학이 곧 국력이라 생각"

• 창업 이후 성공을 이룩한 것과 공동체의 가치에 대해 이야기해 보자.

2. 창업 이후에는 어떠한 목표를 설정할 수 있는가?

삶에 있어서 창업은 일종의 과정이다. 창업을 통한 사회적, 경제적 성공은 자신과 주변인의 행복을 위한 하나의 과정인 것이다. 창업을 통해 자신의 적성과 가치에 맞는 진로를 개척했다면 창업 이후의 목표, 혹은 창업 이후의 삶의 방향성에 대해서 함께 고민하여야 한다. 창업을 하고, 또 성공을 이룩했다면 그 이후로 당신은 무엇을 할 것인가?

• 창업 이후 개인과 공동체 모두에 이바지 할 수 있는 목표점에 대해 설정해 보자.

🔘 미디어 자료

활동1 이해하기

애플 창업자 워즈니악, 그의 성공 비법은? 中
http://www.newspim.com/news/view/20120531000740

활동4 문제해결하기

https://www.news1.kr/articles/?4075237 '카이스트에 766억 기부' 이수영 회장 "과학이 곧 국력이라 생각"

고등학교 진로역량 강화를 위한 기본수업활동 2-2-1

II. 다양한 진로탐색을 하다 - 2. 미래 사회와 직업세계의 변화

학습단원	대단원	II. 다양한 진로탐색을 하다	소단원	2. 미래 사회와 직업세계의 변화
수업구성	교과서 페이지	66-73	활동방법	모둠/토론활동
	시간(분)	50분	평가방법	모둠별 발표하기
학습목표	1. 사회의 변화에 따라 직업이 변화하는 것을 이해하고, 미래 사회의 발달에 따른 미래의 직업세계의 변화를 전망할 수 있다.			
교과 연계성	이 활동은 자신의 진로와 관련된 산업분야에 대한 구체적인 정보를 탐색하여 진로설계에 참고하기 위한 활동이다.			

진로 역량	대영역	중영역	하위영역	세부내용
	진로관리	진로설계	진로의사 결정능력	진로를 결정하는 데 다양한 정보를 수집하고 비교하여 결정하는 능력

활동목표	1. 관심 분야의 직업이나 사업을 구상하고 계획하는 모의 활동을 할 수 있다.
성취기준	1. 자신이 관심있는 분야의 창업을 구상해 보고 그에 맞는 창업 계획서를 작성할 수 있다.
세부 활동내용	[활동지1] 1. 브레인스토밍 기법을 활용하여 자신이 관심있는 창업 아이템을 탐색해 보자. 2. 자신이 관심 있는 창업 분야를 3가지 선정하고 자신의 적성과 맞는지 분석해 보자. 3. 자신의 최종 창업 아이템과 창업 사업을 선정하고 그에 따른 선정 이유와 앞으로의 계획에 대해 친구들과 이야기해 보자.
교사역할	1. 수업 소개 2. 활동 소개 3. 활동 참여 방법 소개 4. 결과물 공유하기 안내 5. 평가 방법 설명하기
학생역할	1. 해당 수업 소개를 잘 듣고 수업 목표 숙지하기 2. 활동 소개를 잘 듣고 활동목표와 성취기준에 대해 이해하기 3. 활동 참여 방법을 잘 이해하고 적극적인 참여 태도를 갖기 4. 결과물을 동료학습자와 공유하는 방법을 이해하고 준비하기 5. 평가 방법을 이해하고 학습목표에 도달하였는지 점검하기

시간	세부 주제	활동1 이해하기 - 학습목표	학습자료
25분	미래 사회 직업의 변화	−4차 산업혁명의 개념에 대해 이해할 수 있다. −창업의 형태를 구분할 수 있다.	

◆ 미래 사회의 변화 요소는 무엇일까?

1. 4차 산업혁명의 개념에 대해 이해해 보자.

'4차 산업혁명'은 인공지능, 빅데이터 등 신기술로 촉발되는 초연결 기반의 지능화 혁명으로 산업뿐만 아니라 국가시스템, 사회, 삶 전반의 혁신적인 변화를 일으키는 것을 말합니다. 이러한 4차 산업혁명의 중심에는 과학기술이 있는데요, 특히 네트워크(IoT, 5G), 빅데이터(Cloud, Big Data), 인공지능 SW(기계학습, 알고리즘) 등 디지털 기술이 각 분야의 기반기술과 융합하여, 급속한 경제, 사회변화를 일으키고 있습니다.

출처: https://www.4th-ir.go.kr/4ir/detail/8?boardName=code1 4차산업혁명위원회 홈페이지 내 설명

• 4차 산업혁명으로의 변화를 현실에서 실감할 수 있는 분야에 대해서 이야기해 보자.

_____

_____

_____

_____

2. 창업의 형태에 따른 구분과 개념을 이해해 보자.

− 벤처 기업은 첨단 기술을 기반으로 새로운 아이디어를 접목하는 창조적, 기술집약적인 특성을 갖는다.
− 소호(SOHO)는 집, 소규모 사무실을 중심으로 정보, 지식, 아이디어에 기반하여 사업을 진행한다.
− 1인 창조 기업은 1인의 경험, 기술, 능력에 기반하여 창조적 서비스를 제공하는 방식이다.

• 자신의 적성에 적합한 창업 형태를 정해 보고, 그 이유를 이야기해 보자.

_____

_____

_____

_____

시간	세부 주제	활동2 토의하기 - 학습목표	학습자료
35분	창업 아이템의 설정과 평가	– 자신의 적성과 목표에 맞는 창업 아이템을 설정할 수 있다. – 자신의 창업 아이템을 평가하여, 미래에 적합한 아이템을 찾을 수 있다.	

1. 자신이 생각하는 창업 아이템을 이야기해 보자.

창업 아이템A	창업 아이템B	창업 아이템C

2. 자신이 지목한 창업 아이템을 평가해 보자.

구분	평가문항	배점	창업 아이템A	창업 아이템B	창업 아이템C
1	나의 적성과 관련이 있다.	10			
2	나의 진로 계획과 연관성이 있다.	10			
3	가족과 주변인들의 도움을 구할 수 있다.	10			
4	나의 경험과 경력을 살릴 수 있다.	10			
5	회사 설립 절차가 간단하다.	10			
6	사업 진행이 원활하다.	10			
7	마케팅 및 판매 계획 수립이 쉽다.	10			
8	자금조달이 쉽고 차입 여건이 충분하다.	10			
9	시장성 및 판로가 충분하다.	10			
10	기존 경쟁사의 위치가 불확실하다.	10			
	합계	100			

3. 자신의 창업 아이템 분석 결과, 최종 아이템 A종 또는 B종을 선택하고 자신의 생각을 정리해 보자.

창업 아이템A	
창업 아이템B	

시간	세부 주제	활동3 협력하기 - 학습목표	학습자료
30분	창업 아이템 브리핑	−자신의 창업 아이템에 관한 정보들을 수집 및 정리할 수 있다.	−창업 제안서 예시

◈ 창업 제안서 작성

1. 자신이 제안한 창업 아이템에 관한 정보를 수집해 보자.

- 직접적인 경험
- 경험자 혹은 선임자를 통한 수집
- 온라인 검색을 통한 정보 수집
- 창업 관련 동영상 자료를 통한 정보 수집
- 창업 강좌 참석
- 간행물 이용

2. 창업 아이템 선정 시 유의사항을 알아 보자.

1. 누구나 좋다고 생각하는 사업 아이템은 경쟁자가 많고, 이미 레드오션일 경우가 많다.
2. 사업 아이템에도 수명이 있다. 성숙기나 쇠퇴기의 사업은 창업 아이템으로 적절하지 못하다.
3. 유행성이 높은 사업 아이템은 그만큼 지속성도 짧다.
4. 창업자의 적성, 경험, 능력이 최우선적으로 고려되어야 한다.
5. 단계를 밟아 사업 아이템을 실행할 수 있어야 한다.
6. 창업 자금이 충분한지 고려되어야 한다.
7. 해당 업종의 인/허가에 있어서 면허, 허가, 등록 등이 필요한가?

• 자신이 정한 창업 아이템이 유의사항에 얼마나 해당하는가? 그리고 이를 극복할 방법은 무엇인가?

시간	세부 주제	활동4 문제해결하기 - 학습목표	학습자료
20분	창업 아이템 제안하기	— 창업 제안서를 기반으로 창업 아이템을 주변에 설명할 수 있다.	

◈ 창업 아이템 제안

1. 스캠퍼(SCAMPER) 기법을 활용하여 자신의 아이디어를 표현해 보자.

대체하기(Substitute): 기존에 있던 아이템을 대신 할 수 있는 것을 고안한다.
결합(Combine): 두 가지 이상으로 나뉘어 있는 것을 하나로 만든다.
응용(Adapt): 활용방법을 변형하여 적용한다.
수정, 확대, 축소(Modify, Magnify, Minify): 기존의 것 중 불편한 부분을 줄이거나, 확장시킨다.
다르게 활용하기(Put to other users): 아이템이나 물질의 사용 용도를 바꾼다.
제거하기(Eliminnate): 기존의 있던 것에서 불편한 부분을 제거한다.
뒤집기, 재배열(Revers, Rerrange): 기존의 것에서 순서를 바꾸거나 재배치하여 효율화한다.

• 나의 창업 아이디어는 어떤 방법을 이용하고 있는가?

2. 창업을 제안하는 제안서를 작성해 보자.

1. 사업 개요: 사업의 기본적인 내용을 간단하게 제시한다.
2. 사업 소개: 사업의 분야와 방향성 등 핵심 내용을 자세하게 설명한다.
4. 시장 분석: 창업을 통해 공략하고자 하는 시장의 필요를 분석하여 설명한다.
5. 사업 강점: 창업하려는 사업의 강점과 필요성에 대해 설명한다.

🎬 미디어 자료

> **활동1 이해하기**
>
> https://www.4th-ir.go.kr/4ir/detail/8?boardName=code1 4차산업혁명위원회 홈페이지 내 설명

II. 다양한 진로탐색을 하다 - 3. 다양한 직업인의 탐색

학습단원	대단원	II. 다양한 진로탐색을 하다	소단원	3. 다양한 직업인의 탐색
수업구성	교과서 페이지	74 - 77	활동방법	모둠/토론활동
	시간(분)	50분	평가방법	모둠별 발표하기
학습목표	1. 사회적으로 성공하거나 존경받는 직업인들의 진로선택 과정을 탐색하여 나의 진로 개발을 위해 필요한 능력과 태도를 기를 수 있다.			
교과 연계성	이 활동은 현대의 직업인은 과거처럼 기존에 있는 회사나 직업을 수동적으로 선택하는 것이 아니라 자신이 주도적으로 창업이나 창직을 할 수 있다는 가능성을 이해하는 데 도움을 준다.			

진로 역량	대영역	중영역	하위영역	세부내용
	진로관리	진로설계	진로 계획	진로목표를 이루기 위한 실천 계획을 가지고 있는 상태

활동목표	1. 창업과 창직의 필요성을 이해하고 관련 계획을 세워 본다. 2. 관심 분야의 동향 및 전망을 파악하고 관련 창업과 창직의 사례를 탐색할 수 있다.
성취기준	1. 사회적 기업과 청년 창업에 대하여 탐색할 수 있다.
세부 활동내용	[활동지1] 1. 커리어넷과 같은 직업정보 사이트를 방문하여 사회적 기업에 대한 동영상을 시청하고 이런 사회적 기업의 특성, 사회적 기업을 위해 필요한 노력, 자신이 느낀점을 자세하게 이야기해 보자.
교사역할	1. 수업 소개 2. 활동 소개 3. 활동 참여 방법 소개 4. 결과물 공유하기 안내 5. 평가 방법 설명하기
학생역할	1. 해당 수업 소개를 잘 듣고 수업 목표 숙지하기 2. 활동 소개를 잘 듣고 활동목표와 성취기준에 대해 이해하기 3. 활동 참여 방법을 잘 이해하고 적극적인 참여 태도를 갖기 4. 결과물을 동료학습자와 공유하는 방법을 이해하고 준비하기 5. 평가 방법을 이해하고 학습목표에 도달하였는지 점검하기

시간	세부 주제	활동1 이해하기 - 학습목표	학습자료
25분	창업의 이해	−타인의 직업선택 과정을 통해 자기 주도적으로 진로를 개척하려는 사고를 가질 수 있다.	

1. 다음에 나오는 인물이 직업을 선택하게 된 배경은 무엇인가?

A 사례

정 감독은 1978년 미국 콜로라도주 덴버에서 태어났다. 농장 경영이 꿈이었던 아버지를 따라 아칸소주 링컨으로 이주해 정착했다. '미나리'의 소년 데이빗(앨런 김)이 정 감독의 어린 시절을 반영한다. 정 감독은 졸업생 중 10~15% 정도가 대학 진학을 하던 시골 고등학교를 마치고 예일대에 입학했다. 생태학을 전공하며 의대 진학을 꿈꿨다. 그러나 4학년 때 아시아 영화에 빠지면서 인생 항로를 바꿨다. 이후 유타대 대학원에서 영화를 전공했다. 아내와 자원봉사로 일했던 르완다 난민 캠프의 참담한 현실을 카메라에 담은 '문유랑가보'를 2007년 선보이며 감독이 됐다.

B 사례

A씨는 플라스틱을 재활용하여 일상용품으로 만드는 3D프린터를 개발하였다. 3D프린터기에 사용되는 재료가 비싸다는 점에서 착안하여 이를 일상의 재료이자 쓰레기로 대체한 것이다. 그는 사람들이 페트병과 뚜껑을 가져오면, 기계 이용료를 받고 일상용품을 받아갈 수 있도록 하였다.

2. 창업을 하게 된다면 자신이 이루고 싶은 가치는 무엇인가?

시간	세부 주제	활동2 토의하기 - 학습목표	학습자료
35분	다양한 기업의 가치	−다양한 기업의 가치에 대해 이해할 수 있다. −다양한 예를 통해 사회적 기업에 대한 정의 와 기치에 대해 알 수 있다.	−활동지 1

◈ 사회적 기업이란?

1. 사회적 기업의 가치는 무엇일까?

> **# 사회적 기업의 유형**
>
> 사회적 기업: 취약계층에 대한 고용 창출과 사회서비스 확충 등 사회적 가치 실현을 목저으로 하는 기업
> 협동조합: 공동 소유, 민주적 운영을 통해 경제적, 사회적, 문화적 필요와 욕구를 이루려는 사람들의 자 발적인 결성 조직
> 마을기업: 마을공동체에 기반하여 지역주민들의 자발적 참여와 협동적 관계망을 통해 주민들의 욕구와 지역 문제 해결을 추구하는 기업
> 자활기업: 저소득 실업자의 경제적 자활(자립)과 일자리 창출을 목표로 생산 활동을 하는 기업

• 사회적 기업 형태로 추구할만한 가치에 대해 생각해 보자.

2. 커리어넷(유튜브 활용은 필요시에만 사용)을 통해 사회적 기업에 대한 자료를 찾아 보고 정리해 보자.

사회적 기업 이름	대표 기업가	회사의 주요 업무	회사의 주요 특성	사회적 기업을 위 해 필요한 조건	자신의 생각
1.					
2					
3.					
4.					
5.					

시간	세부 주제	활동3 협력하기 - 학습목표	학습자료
30분	기업에 대한 평가	-기업을 특정하여 그 가치와 그에 따른 활동 내용을 정리한다.	-활동지1

1. 기업의 사회공헌의 의미를 알아 보자.

기업 사회공헌(philanthropy 또는 Social Contribution)의 사전적 의미는 박애, 자선, 공익활동과 비슷하다.

관련 연구 자료에 따르면 기업 사회공헌이 기업의 자발적인 정신이나 활동으로서 선의로 하는 공익사업을 포괄하고 있으며, 또한 사회문제를 일시적으로 위무하는데 그치지 않고 사회문제를 해결하고 나아가 인간의 삶의 질을 증진하기 위하여 수행하는 기업의 비영리적인 행위를 포함한다고 설명하기도 한다. 즉 기업 사회공헌 활동은 기업과 지역사회 간의 상호작용을 통해 기업이 지역사회의 복지와 발전에 기여하는 활동으로 정의할 수 있다.

출처: The ScienceTimes 칼럼

김민석, 사회공헌, 이제는 기업의 경쟁력이다. [과학기술문화 기업사회공헌] 기업 사회공헌의 개념과 유형

2. 기업의 사회적 역할과 가치에 대한 이해

국내의 A유업은 유당을 분해하지 못하는 유아들을 위해 특수분유를 생산한다. 이 분유는 5만 명당 1명 꼴로 태어나는 '선천성 대사이상' 증상을 가진 유아를 위한 것으로, 대사질환 환아는 선천적으로 아미노산을 분해하는 효소가 부족하거나 없어 모유나 분유를 섭취할 수 없다. 만약 이들이 일반 모유나 분유를 섭취할 경우 운동 발달 장애, 성장장애, 뇌세포 손상을 겪을 수 있다. 이에 A유업은 일반 분유 생산 중단 및 청소작업으로 인해 발생하는 손해를 감수하고, 특수분유를 생산하고 있다.

• A유업에서 행하는 활동에 대해 평가하고, 이를 통해 기업이 지녀야 할 사회적 가치를 이야기해 보자.

시간	세부 주제	활동4 문제해결하기 - 학습목표	학습자료
20분	기업의 가치와 실제	- 기업의 성과와 사회적 책임에 대해 이해한다.	

1. 사회적 기업과 일반 기업의 업무성과측정 기준의 차이는 무엇일까?

재무적 성과는 매출액 증가율, 시장점유율, 순이익 증가율 등 계량화된 지표를 활용하여 객관적이고 신뢰성 있는 측정을 실시한다. 사회적 성과는 다양한 투입(공해방지시설, 환경정책, 환경투자금액 등), 다양한 내부 행동 과정(소수 및 여성정책, 소비자정책, 내부환경개선 등), 다양한 산출(사회관계, 자선활동, 사회활동, 고객서비스 등)에 걸치는 다차원적 구성요소를 가지고 있고 있다.

출처: 김연종, 박상혁, 오승희, 〈기업가의 도덕성이 기업가정신 및 사회적 책임을 통한 재무적 성과와 사회적 성과에 미치는 영향〉, 정보시스템연구, 29권 제1호, 2020년, 140쪽 참고

2. 기업의 사회적 책임의 예를 보고, 이를 행하고 있는 기업의 사례를 들어 보자.

기업의 사회적 책임의 예
- 취약계층에 일자리, 사회서비스 제공 등 사회적 목적 추구
- 영업활동 수행 및 수익의 사회적 목적 재투자
- 영업활동을 통해 창출되는 이익을 사업 자체나 지역공동체에 투자, 사회적 목적으로 사용

출처: 위키백과 '기업의 사회적 책임'

◉ 미디어 자료

활동3 협력하기

The ScienceTimes 칼럼

김민석, 사회공헌, 이제는 기업의 경쟁력이다, [과학기술문화 기업사회공헌] 기업 사회공헌의 개념과 유형

활동4 문제해결하기

김연종, 박상혁, 오승희, <기업가의 도덕성이 기업가정신 및 사회적 책임을 통한 재무적 성과와 사회적 성과에 미치는 영향>, 정보시스템연구, 29권 제1호, 2020년, 140쪽 참고

위키백과 '기업의 사회적 책임'

II. 다양한 진로탐색을 하다 - 4. 계속 교육을 위한 이해와 탐색

학습단원	대단원	II. 다양한 진로탐색을 하다	소단원	4. 계속 교육을 위한 이해와 탐색
수업구성	교과서 페이지	78-83	활동방법	모둠/토론활동
	시간(분)	50분	평가방법	모둠별 발표하기
학습목표	1. 진로목표를 성취하기 위하여 진학할 수 있는 교육 기관의 종류와 특징을 알아 보고 관심 있는 학과를 조사할 수 있다.			
교과 연계성	이 활동은 10년 후 직업 생활하는 자신의 모습을 상상하여 그려 보고 친구들과 공유해 봄으로써 직업 생활을 통한 독립의 중요성을 인식하고, 직업 생활의 의미를 이해하여 주체적인 삶의 자세를 갖도록 도와준다.			

진로 역량	대영역	중영역	하위영역	세부내용
	진로관리	진로설계	진로의사 결정능력	진로를 결정하는 데 다양한 정보를 수집하고 비교하여 결정하는 능력

활동목표	1. 직업 선택을 위한 바람직한 가치관을 형성할 수 있다. 2. 직업 생활을 통한 개인적 독립의 중요성을 인식하고 주체적인 삶의 자세를 가질 수 있다.
성취기준	1. 자신이 고등학교 졸업 후나 대학교 졸업 후 성인으로서 직업 생활을 통해 경제적, 정신적으로 독립하여 살아가는 자신의 모습을 상상해 보고 자신의 인생을 주체적으로 설계할 수 있다.
세부 활동내용	[활동지1] 1. 자신이 원하는 직업 생활을 통해 얻을 수 있는 최고의 행복한 순간을 상상해 보자. 2. 직업 생활을 통해 어떤 욕구를 충족시켜주는지 생각해 보자. 3. 행복한 직업 생활을 찾기 위해 필요한 노력들이 무엇인지 말해 보자.
교사역할	1. 수업 소개 2. 활동 소개 3. 활동 참여 방법 소개 4. 결과물 공유하기 안내 5. 평가 방법 설명하기
학생역할	1. 해당 수업 소개를 잘 듣고 수업 목표 숙지하기 2. 활동 소개를 잘 듣고 활동목표와 성취기준에 대해 이해하기 3. 활동 참여 방법을 잘 이해하고 적극적인 참여 태도를 갖기 4. 결과물을 동료학습자와 공유하는 방법을 이해하고 준비하기 5. 평가 방법을 이해하고 학습목표에 도달하였는지 점검하기

시간	세부 주제	활동1 이해하기 - 학습목표	학습자료
25분	직업의 가치와 삶에서의 역할에 대한 이해	− 경제활동을 통해 획득할 수 있는 가치를 이해한다. − 주체적인 삶과 직업의 역할에 대해 이해한다.	

1. 경제활동이란 무엇인가?

경제활동이란 생활에 필요한 재화와 서비스를 얻기 위해 생산하고, 분배하고, 소비하는 활동을 말한다. 여기에는 경제활동에 참여하는 개인이나 집단은 경제활동의 주체이며, 경제활동의 대상이 되는 서비스가 경제활동의 객체이다.

출처: KDI경제정보센터 https://eiec.kdi.re.kr/material/conceptList.do?depth01=00002000010000100002&idx=24

• 경제활동에서 생산, 분배, 소비의 역할은 무엇일까?

2. 다음의 사례를 통해 각 구성원들의 입장을 생각해 보자.

30대 중반인 A씨는 직업을 구하지 않고, 부모님과 함께 살고 있었다. 부모님은 A씨에게 끊임없이 조언과 충고를 건넸으나 A씨는 부모님의 간섭이 싫다며 부모님과 말다툼을 벌였다. A씨 친구들 또한 독립을 종용하였다. 그러나 A씨는 마땅한 직업이 없는 상황에서 독립에 대한 불안감을 가지고 있다.

• A씨

• 부모님

• 주체적 삶을 살기 위해 직업이 갖는 중요성은 무엇인가?

시간	세부 주제	활동2 토의하기 – 학습목표	학습자료
35분	희망하는 직업과 직업적 가치에 대한 이해	– 내가 바라는 직업에 대해 구체적으로 생각해 보자. – 본인의 적성이 무엇인지를 이해한다.	– 활동지 1

1. 내가 희망하는 직업/직장 생활을 상상해 보고 이를 통해 얻을 수 있는 최고의 행복한 순간을 마음 속으로 그려 보자.

희망하는 직업/직장 생활	행복한 순간1	행복한 순간2	행복한 순간3

2. 위의 행복한 순간들을 고려하여 다음의 조건을 어느 정도 충족하고 있는지 확인해 보자.

구분	문항	상	중	하
1	직업 생활에서 존중받았나?			
2	직업 생활에서 의지하고 믿을 만한 의미 있는 관계를 형성하고 있나?			
3	직업 생활에서 새로운 배움을 얻고 있나?			
4	직업 생활에서 잘하고 있는 일을 하고 있나?			
5	직업 생활에서 나의 시간을 자율적으로 쓸 수 있나?			

3. 구체적으로 내가 바라는 직업/직장을 찾기 위한 방안에 대해 생각해 보자.

조건	방법
1. 언제, 어떤 일을 할 때 자신이 창조적이라고 느꼈는지 생각해 보자.	
2. 언제, 어떤 일을 할 때 자신이 행복하다고 느꼈는지 생각해 보자.	
3. 언제, 어떤 일을 할 때 자신이 살아있다고 느꼈는지 생각해 보자.	
4. 언제, 어떤 일을 할 때 자신이 힘과 능력이 있다고 느꼈는지 생각해 보자.	
5. 인생을 살면서 꼭 갖고 싶은 직업이 무엇인지 생각해 보자.	

시간	세부 주제	활동3 협력하기 - 학습목표	학습자료
30분	적성과 진로설계	– 자기의 적성과 그에 따른 진로를 설계해 보자.	

1. 자기가 스스로 행복하다고 느끼는 순간을 생각해 보자.

프랑스의 정신분석학자인 라캉은 "인간은 타자의 욕망을 욕망한다"고 정의하였다. 타인을 통해 규정되는 가치에 스스로를 매몰하여 생각하기 쉬운 인간의 한계를 보여준다. 타인의 욕망에 자신이 매몰되지 않기 위해서는 스스로가 무엇을 원하는 가를 알고 있어야 한다. 특히 경제적 목적을 크게 동반하는 직업/직장 생활에 있어서 자신의 '욕망'을 이해하지 못한다면 불행한 생활을 영위하게 될 수 있다.

• 자신을 행복하게 하는 것과 불행하게 하는 것이 무엇인지 기술해 보자.

2. 자기의 희망 진로/직업을 이루기 위해 갖춰야 할 가치관은 무엇일까?

가치관이란 일이나 사물, 삶에서 가치의 기준을 어디에 두느냐 하는 개인의 관점입니다. 그리고 가치란 사람으로 하여금 어떤 방식으로 행동하게 하는 원리나 믿음 또는 신념을 가리킵니다.

– 내적가치: 일 자체가 갖는 특정한 흥미 혹은 그 일이 사회에 기여하는 것과 관계
– 외적가치: 보수, 근무환경과 같이 고용조건과 관련

시간	세부 주제	활동4 문제해결하기 – 학습목표	학습자료
20분	진로와 만족	− 직업과 진로가 삶의 만족도와 질을 좌우한다는 것을 이해한다.	

1. 진로 변경과 삶의 변화

정형돈은 '6년 이상 근무했던 S전자를 그만두고 개그맨을 하겠다고 결심하게 된 계기'에 대한 질문에 솔직하게 털어놨다. "부서에서 본 12년 선배의 모습을 보며 내가 꿈꾸던 길이 아니라는 생각을 하게 됐다"며 "본인의 가치를 찾아가는 것이 좋겠다고 결심해 회사를 그만두게 됐다"

출처: 정형돈 6년 넘게 근무했던 대기업 관두게 된 이유는… | 한경닷컴 (hankyung.com)

• 자신의 적성에 대한 고민 없이 특정 진로에 안주하는 것의 위험성은 무엇인가?

---

2. 진로선택과 삶의 가치를 생각해 보자.

다음은 유 퀴즈 온 더 블록의 한 장면에서 나오는 인터뷰 내용이다.

Q. 혹시 소방관 된 것을 후회해 본 적은 없으신가요?
김명배 소방관: "후회해 본 적 없습니다. 제 적성에 맞고, 저는 현장에서 한 번도 머뭇거린 적 없었습니다. 저 자신을 믿으니까요. 혹시나, 라는 생각이 들면 소방관일 하지 말아야죠."

출처: https://www.youtube.com/watch?v=Ude3u0o_KZY

• 소명의식과 희생정신을 지닌 사람이 자신의 적성에 적합한 직업을 가졌을 때 나타나는 긍정적 효과에 대해 이야기해 보자.

🎞 미디어 자료

활동1 이해하기

KDI경제정보센터 https://eiec.kdi.re.kr/material/conceptList.do?depth01=00002000010000100002&idx=24

활동4 문제해결하기

정형돈 6년 넘게 근무했던 대기업 관두게 된 이유는⋯ | 한경닷컴 (hankyung.com)
https://www.youtube.com/watch?v=Ude3u0o_KZY

고등학교 진로역량 강화를 위한 기본수업활동 2-5-1

II. 다양한 진로탐색을 하다 - 5. 나에게 적합한 진로탐색

학습단원	대단원	II. 다양한 진로탐색을 하다	소단원	5. 나에게 적합한 진로탐색
수업구성	교과서 페이지	84 - 95	활동방법	모둠/토론활동
	시간(분)	50분	평가방법	모둠별 발표하기

학습목표	1. 나에게 적합한 진로를 탐색하고, 적합한 진로 대안을 찾아볼 수 있다. 2. 나에게 적합한 직업정보를 탐색해 보고, 그 직업에 필요한 여러 가지 요구 사항을 파악할 수 있다.
교과 연계성	이 활동은 직업세계가 변화함에 따라 자신이 전공할 학과 및 전공이 어떻게 달라지는지, 직업을 갖기 위해 필요한 자격도 직업세계의 변화 속에서 어떻게 달라지는지 예측할 수 있도록 도와준다.

진로 역량	대영역	중영역	하위영역	세부내용
	진로관리	진로설계	진로선택	진로를 부모나 선생님 등 타인에 의존하지 않고 자신의 자주적인 기준으로 선택하려는 태도

활동목표	1. 직업세계의 변화가 자신의 진로에 미치는 영향을 파악한다. 2. 직업세계의 변화에 맞추어 자신과 관련된 학과, 전공 및 자격의 변화를 예측하고 탐색할 수 있다.
성취기준	1. 자신이 희망하는 전공 학과 또는 직업에 대하여 탐색할 수 있다.
세부 활동내용	[활동지1] 1. 자신이 관심 있거나 희망하는 학과와 전공이 앞으로 어떻게 달라질 수 있는지 그 가능성에 대해 탐색해 보고 설명해 보자. 2. 자신이 희망하는 학과 및 전공에 대해 다양한 평가항목을 사용하여 평가해 보자.
교사역할	1. 수업 소개 2. 활동 소개 3. 활동 참여 방법 소개 4. 결과물 공유하기 안내 5. 평가 방법 설명하기
학생역할	1. 해당 수업 소개를 잘 듣고 수업 목표 숙지하기 2. 활동 소개를 잘 듣고 활동목표와 성취기준에 대해 이해하기 3. 활동 참여 방법을 잘 이해하고 적극적인 참여 태도를 갖기 4. 결과물을 동료학습자와 공유하는 방법을 이해하고 준비하기 5. 평가 방법을 이해하고 학습목표에 도달하였는지 점검하기

시간	세부 주제	활동1 이해하기 - 학습목표	학습자료
25분	대학과 진로	− 진로 설정에 있어 전공/학과의 중요성을 이해할 수 있다. − 대학의 학과와 진학을 통한 진로설계를 시도할 수 있다.	

1. 진로 설정의 의미에 대해 이해해 보자.

자신의 특성을 바르게 인지하고, 진로의식을 확고히 하며, 나아가 산업구조의 변화 및 그에 상응하는 인력 수급 전망에 대한 이해를 통해 적합한 진로(career)를 그려내는 것은 청소년기 발달과업의 핵심이다. 진로설계 시에는 개인의 적성과 장점, 개인의 열정, 사회적 필요성, 타협의 과정임을 명심할 것, 지속적인 과정임을 염두할 것이 이야기된다.

출처: 전남대학교 진로설계와 자기이해 워크북, p. 61 (2019)

2. 변화하는 미래 속에서 활용할 수 있는 재능을 확인하자.

세계경제포럼(WEF)이 2015년 출판한 '교육의 새로운 비전'이다. 이 보고서는 4차 산업혁명 시대에 가장 급속한 변화가 필요한 분야 중 하나가 교육이라고 명시했으며, 변화된 교육을 통해 미래 인재들이 육성해야 할 16가지 능력을 제시했다. 2020년 이후 요구되는 이 능력들을 기본 지식, 역량 그리고 인성의 세 가지로 분류했다. 기본 지식은 읽고 쓰는 문해 능력, 수리 능력, 과학 지식, 컴퓨터/정보처리 능력, 재정 지식, 인문 문화 지식의 6가지로 구성되며, 역량은 비판적 사고와 복잡한 문제 해결, 창의력, 의사소통, 협업 능력으로 총 4가지로 구성된다. 인성은 모두 6가지로, 호기심, 주도성, 일관성, 적응력, 리더십, 사회·문화적 감수성으로 구성된다.

출처: 대학의 과거와 미래]⑥미래의 인재상: 대학 교육의 변화 방향은? : 동아사이언스 (donga.com)

• 미래를 위해 자신이 지니고 있는 재능에 대해 생각해 보자.

시간	세부 주제	활동2 토의하기 – 학습목표	학습자료
35분	전공 및 학과에 대한 이해	– 자신의 흥미와 적성에 따른 전공 정보를 커리어넷을 통해 수집할 수 있다.	– 활동지1

1. 자신이 희망하는 전공/학과를 워크넷, 커리어넷, 기타 인터넷을 활용하여 탐색하고 아래의 표에 완성해 보자.

전공	적성과 흥미	관련 학과	취득자격	개설 대학	진출 분야	관련 직업	취업률
1.							
2.							
3.							
4.							
5.							

2. 자신이 희망하는 전공/학과와 관련하여 다음의 평가항목을 이용하여 확인해 보자.

구분	평가항목	그렇다 (3점)	보통이다 (2점)	그렇지 않다 (1점)
1	나의 성격에 맞는다.			
2	나의 흥미에 맞는다.			
3	나의 적성에 맞는다.			
4	나의 가치관에 맞는다.			
5	나의 직업가치관에 맞는다.			
6	원하는 직업과 관련이 있다.			
7	졸업 시 필요한 자격을 취득할 수 있다.			
8	졸업생의 취업 현황이 좋다.			
9	졸업 후 진로 전망이 밝다.			
10	부모님께서 찬성하신다.			
	합계			

시간	세부 주제	활동3 협력하기 - 학습목표	학습자료
30분	사회 변화에 따른 전망과 대응	─미래 사회의 변화 상황에 따른 직업세계 변화를 이해할 수 있다.	

◆ 미래 사회에서 대학의 학과는 안정적일까?

1. 4차 산업혁명 시대 진로교육의 방향을 이해하고, 내가 원하는 직업은 어떤 역량을 강화해야 할까?

> 1. 자기 주도 경력 설계 역량 강화
> 2. 자기 주도 평생학습 능력의 실천
> 3. 확고한 직업가치와 직업윤리의식 고양
> 4. 사회 통합 역량 강화
> 5. 소외계층 직업역량 강화
>
> 출처: 2017년 국가진로교육 포럼, 홍순도, '미래 사회와 진로교육의 개요' 슬라이드 15, 16

2. 평화통일시대가 왔을 때 유망한 진로는 무엇인가?

> 관광 가이드: 통일이 되면 북한 여행의 길잡이가 많이 필요할 것이다.
> 미래 과학자: 북한의 자원과 남한의 기술력을 결합할 수 있는 사람이 필요할 것이다.
> 열차 기관사: 통일 이후 열차의 운행량이 폭증할 것이다.
> 웹툰 작가: 남과 북의 문화적 차이를 웹툰을 통해서 소통할 수 있을 것이기 때문이다.
> 남북 퓨전음식 요리사: 남과 북의 음식을 모르는 사람이 많아서, 이를 잘 조화시킬 수 있는 사람이 필요할 것이다.
>
> 출처: "학생들이 생각하는 통일 후 유망직업"
> 통일교육원)자료마당)도서/동영상자료 (uniedu.go.kr)

• 평화통일시대가 왔을 때 유망 진로는 무엇일까?

시간	세부 주제	활동4 문제해결하기 - 학습목표	학습자료
20분	대학의 변화에 대한 이해	- 대학의 변화를 이해하고, 자신의 진로 설계 활동을 구상할 수 있다.	

1. 대학 내 변화 상황을 다음의 사례를 통해 읽어 보자.

지금까지의 대학은 학과를 없애고 새로 만드는 일을 반복하며 변화하는 시대의 흐름에 발맞춰왔다. A대학은 기업과 함께 공과대학 내 반도체 공학과를 설립하여 학부 성적과 인턴 활동을 토대로 A기업에 채용되도록 하였다. 또한 스마트보안학부, 융합에너지공학과, 데이터공학과의 신입생 모집도 확정되었다. A대학은 향후 4차 산업혁명 시대에 발맞춰 학과의 개발 및 통폐합을 지속할 예정이다.

2. 대학에서 자신이 진로설계를 위해 할 수 있는 활동을 정하고, 이유를 이야기해 보자.

학과 오리엔테이션 참석	대외활동, 공모전
진로 교과목 수강	직무 경험 쌓기
동아리 가입	봉사활동
외국어 공부	여행하기
채용 설명회 참석하기	직무 관련 자격증 취득
인턴십 지원하기	취업 스터디

미디어 자료

활동1 이해하기

전남대학교 진로설계와 자기이해 워크북, p. 61 (2019)

활동3 협력하기

2017년 국가진로교육 포럼, 홍순도, '미래 사회와 진로교육의 개요' 슬라이드 15, 16

"학생들이 생각하는 통일 후 유망직업" 통일교육원 > 자료마당 > 도서/동영상자료 (uniedu.go.kr)

III

나의 진로를 결정하다

청소년의 진로설계역량을 강화하기 위한 고등학생용 진로워크북

Ⅲ

너의 가능성을 응원해

III. 나의 진로를 결정하다 - 1. 나의 진로 장벽 및 갈등의 진단과 해결

학습단원	대단원	III. 나의 진로를 결정하다	소단원	1. 나의 진로 장벽 및 갈등의 진단과 해결
수업구성	교과서 페이지	100 – 109	활동방법	모둠/토론활동
	시간(분)	50분	평가방법	모둠별 발표하기

학습목표	1. 진로 장벽 및 갈등의 의미를 이해하고, 이러한 진로 장애물을 뛰어넘어 성공한 사람들의 사례를 통해 진로 장벽의 극복 과정을 설명할 수 있다. 2. 나의 진로 장벽 및 갈등의 요인을 종합적으로 진단하고, 해결방안을 찾을 수 있다.
교과 연계성	이 활동은 자신이 진로설계 과정에서 진로 장벽/장애 요인에 대해 정확하게 파악하고 장벽 요인을 해결하기 위한 방안을 구체적으로 찾는 노력이 필요하며, 이를 토대로 인생을 살아가고 진로를 개발하는 과정에서 마주칠 수 있는 어려움을 슬기롭게 헤쳐 나가는 역량을 기를 수 있게 도와준다.

진로 역량	대영역	중영역	하위영역	세부내용
	진로관리	진로탐색	진로정보	직업과 진학에 대한 다양한 정보를 알고 찾을 수 있는 능력
			진로탐색	진로에 대해 다양한 방법을 통해 적극적으로 탐색하는 능력

활동목표	1. 자신의 진로 장애 요인을 해결하기 위해 노력한다. 2. 자신의 진로 장애 요인을 해결하기 위한 방안에 대해 모색해 보고 왜 적절한 방안인지 설명할 수 있다.
성취기준	1. 자신의 경험을 통해 진로 장애 요인 해결방안을 탐색해 보고 왜 적절한 방안인지 설명할 수 있다.
세부 활동내용	[활동지1] 1. 다음의 사례를 통해 진로 장애 요인을 해결하기 위한 방안이 무엇인지 탐색해 보자. 2. 다음 사례를 통해 문제 상황에 직면했을 때 내가 할 수 있는 행동을 서술해 보자. 3. 자신의 진로 장애 요인에 대해 생각해 보고 이에 대한 적절한 해결책을 나열하고 그 이유에 대해 설명해 보자.
교사역할	1. 수업 소개 2. 활동 소개 3. 활동 참여 방법 소개 4. 결과물 공유하기 안내 5. 평가 방법 설명하기
학생역할	1. 해당 수업 소개를 잘 듣고 수업 목표 숙지하기 2. 활동 소개를 잘 듣고 활동목표와 성취기준에 대해 이해하기 3. 활동 참여 방법을 잘 이해하고 적극적인 참여 태도를 갖기 4. 결과물을 동료학습자와 공유하는 방법을 이해하고 준비하기 5. 평가 방법을 이해하고 학습목표에 도달하였는지 점검하기

시간	세부 주제	활동1 이해하기 - 학습목표	학습자료
20분	진로 장벽 및 진로 갈등	− 제시된 사례의 진로 장벽 및 진로 갈등에 대해 설명할 수 있다. − 제시된 사례의 진로 장벽 및 진로 갈등에 대한 내 생각을 표현할 수 있다.	− 활동지1

1. 다음 제시된 사례에서의 진로 장벽 및 갈등 요인을 찾아 보고, 나라면 어떻게 할지 말해 보자.

미래는 앞으로 화가가 되는 것이 꿈이다. 미술학원에 다닌 적은 없지만, 그림 그리기에 소질이 뛰어나다. 하지만 가정 형편상 미술학원을 다니거나 체계적으로 입시를 준비할 수도 없다. 미래가 희망하는 예술대학은 서울의 유명 사립대학으로 등록금과 생활비가 만만치 않을 것으로 예상된다. 하지만 예술대학에 진학해서 화가의 꿈을 이루고 싶다.

진로 장애 요인은?	
나라면 어떻게 할 것인가?	

2. 다음 제시된 사례에서의 진로 장벽 및 갈등 요인을 찾아 보고, 나라면 어떻게 할지 말해 보자.

현재는 간호사가 되고 싶은 꿈을 가진 고등학교 1학년 남학생이다. 하지만 친구들에게 앞으로 간호사가 되고 싶다고 말하면 주위의 놀림감이 되곤 한다. 부모님께서도 간호사는 대부분 여성들이 하는 직업이고 섬세함과 성실성이 중요하다고 생각하신다. 하지만 현재는 간호사가 되어 의료 도움이 필요하신 분들께 꼭 도움이 되고자 한다.

진로 장애 요인은?	
나라면 어떻게 할 것인가?	

시간	세부 주제	활동2 협력하기 - 학습목표	학습자료
20분	진로 장벽 및 진로 갈등	-나의 진로 장벽에 대한 고민을 공유할 수 있다.	-활동지1

1. 자신이 갖고 있는 진로 장벽 및 갈등이 있다면, 아래에 정리하여 친구와 공유해 보자.

2. 친구는 내 문제에 대해 어떻게 생각하고 있었는가? 어떤 도움이 필요하다고 말했는가?

시간	세부 주제	활동3 문제해결하기 - 학습목표	학습자료
10분	진로 장벽 및 진로 갈등	- 나의 진로 장벽을 해결할 수 있는 방안을 찾아 정리할 수 있다.	- 활동지1

1. 다음의 진로 장벽 유형 세 가지를 보고, 나에게 해당하는 경우를 골라서 설명해 보자.

유형1 : 개인 성적 문제	내가 희망하는 분야로 진출하기에 나의 성적, 실력, 능력이 매우 부족한 경우. (예: 의사가 되고 싶지만, 의대를 진학할 성적 부족, 축구 선수가 되고 싶지만, 선수하기엔 부족한 실력 등)
유형2 : 부모님 신념 문제	내가 희망하는 분야의 직업에 대해 부모님이 강력하게 반대하시는 경우. 그리고 부모님이 특정 진로를 요구하시는 경우.
유형3 : 사회적 편견 문제	내가 희망하는 분야의 직업이 사회적으로 인정받지 못하거나, 좋지 않은 선입견이 있는 경우.
난 어떤 유형의 장벽이 있는가? 해결을 위한 나의 노력은? 주위의 지원은?	

III. 나의 진로를 결정하다 - 2. 합리적인 진로의사결정 과정 및 방법의 이해

학습단원	대단원	III. 나의 진로를 결정하다	소단원	2. 합리적인 진로의사결정 과정 및 방법의 이해
수업구성	교과서 페이지	110 – 121	활동방법	모둠/토론활동
	시간(분)	50분	평가방법	모둠별 발표하기
학습목표		1. 의사결정의 의미와 중요성을 알고, 의사결정의 유형과 각각의 장단점을 이해할 수 있다. 2. 합리적인 진로의사결정 과정 및 방법을 이해하고, 훈련을 통해 올바르게 진로의사를 결정할 수 있다.		
교과 연계성		이 활동은 중학교에서 지금까지의 진로의사결정 과정에서 자신이 어떠한 방식으로 의사결정을 했는지 되돌아 보고 이러한 진로의사결정의 결과는 어떠했는지 점검하고 향후 합리적인 진로의사결정을 하기 위해 도움을 준다.		

진로 역량	대영역	중영역	하위영역	세부내용
	진로관리	진로인식	직업세계의 이해	다양한 직업을 알고 직업세계가 변화하고 있음을 이해하는 능력
			직업의식	사회 진출 후 직업인으로서 바른 태도와 행동을 유지하기 위한 도덕관 및 가치관

활동목표	1. 자신의 진로의사결정 방식을 점검하고 개선한다. 2. 자신의 진로의사결정 방식과 과정을 점검한다.
성취기준	1. 자신의 진로의사결정 유형을 알아 보고 의사결정 방법 연습을 통해 자신의 진로의사결정 역량을 향상시킬 수 있다.
세부 활동내용	[활동지1] 1. 자신의 진로의사결정 유형을 점검하기 위해 설문지에 성실하게 응답해 보자. 2. 다양한 사례를 통해 자신의 합리적인 진로의사결정 방법을 파악해 보자. 3. 모둠을 구성하고 구성원과 함께 갈등 상황에서의 효과적인 진로의사결정 과정을 연습해 보자.
교사역할	1. 수업 소개 2. 활동 소개 3. 활동 참여 방법 소개 4. 결과물 공유하기 안내 5. 평가 방법 설명하기
학생역할	1. 해당 수업 소개를 잘 듣고 수업 목표 숙지하기 2. 활동 소개를 잘 듣고 활동목표와 성취기준에 대해 이해하기 3. 활동 참여 방법을 잘 이해하고 적극적인 참여 태도를 갖기 4. 결과물을 동료학습자와 공유하는 방법을 이해하고 준비하기 5. 평가 방법을 이해하고 학습목표에 도달하였는지 점검하기

자신의 의사결정유형 파악해 보기

시간	세부 주제	활동1 이해하기 - 학습목표	학습자료
25분	합리적인 진로의사결정 과정	– 내 진로의사결정 유형을 파악할 수 있다. – 내 진로의사결정 유형 결과를 동료에게 설명 할 수 있다.	– 활동지1

1. 나의 진로의사결정 유형을 파악해 보자.

번호	문항	전혀 그렇지 않다(1점)	그렇지 않다(2점)	보통이다 (3점)	그렇다 (4점)	매우 그렇다 (5점)
1	나는 학교나 전공을 선택할 때 여러 가지 요인을 고려하여 스스로 결정하는 편이다.					
2	나는 내 진로와 관련된 의사결정을 할 때 부모님이나 전문가가 결정해주면 좋겠다고 생각한다.					
3	나는 중요한 결정을 할 때 여러 가지 요인을 꼼꼼히 따지기보다 내 마음이 시키는 대로 결정하는 편이다.					
4	나는 진로선택에 있어 여러 가지 현실적인 요인을 고려하기보다는 내가 하고 싶은 것을 선택해야 한다고 생각한다.					
5	나는 충동적으로 의사결정하는 편이다.					
중간 생략						
26	나는 내 감정에 충실하여 의사결정을 하며 그 결과에 대해서는 만족하는 편이다.					
27	나는 내가 내린 결정이 잘한 것인지 확신이 없다.					
28	진로와 관련된 작은 선택도 미래 설계를 위한 중요한 과정이라고 생각한다.					
29	부모님은 나보다 경험과 지식이 풍부하기 때문에 비록 내 마음에 들지 않더라도 부모님의 의견을 수용해야 한다고 생각한다.					
30	진로선택을 할 때는 부모님의 강요에 따르기보다는 나의 적성과 흥미, 직업에 대한 객관적 정보를 바탕으로 결정해야 한다.					

2. 나의 진로의사결정 유형을 확인해 보고, 장단점을 동료에게 말해 보자.

유형	설명
합리적 유형	의사결정 과업에 대해서 논리적이고 체계적으로 접근하는 것을 의미한다. 자신과 상황에 대한 정확한 정보를 수집하고, 신중하고 논리적으로 의사결정을 수행해 나가며, 의사결정에 대한 책임을 자신이 진다.
직관적 유형	의사결정의 기초로 상상을 사용하고, 현재의 감정에 주의를 기울이며, 정서적 자각을 사용한다. 선택에 대한 확신은 비교적 빨리 내리지만 그 결정의 적절성은 내적으로만 느낄 뿐 설명하지 못하는 경우가 있다. 합리적 유형과 마찬가지로, 결정의 책임은 자신이 지고자 한다.
의존적 유형	위의 두 경우와는 달리 의사결정에 대한 개인적 책임을 부정하고, 그 책임을 외부로 돌리는 경향이 있다. 의사결정 과정에서 타인의 영향을 많이 받고 수동적이고 순종적이며 사회적인 인정에 대한 욕구가 높은 유형이다.

시간	세부 주제	활동2 협력하기 - 학습목표	학습자료
25분	합리적인 진로의사결정 과정	−모둠별로 다음 제시된 사례에 대해 합리적 의사결정을 단계별로 내려 보자.	−활동지1

1. 다음 갈등 상황 예시에서 합리적인 의사결정 단계를 연습해 보자.

갈등 상황	현재는 앞으로 컴퓨터공학과에 진학하여 인공지능기술 전문가가 되고 싶어한다. 또한 벤처기업을 창업하여 인공지능 업계의 선도 기업가가 되기를 희망한다. 하지만 현재의 부모님은 불안한 미래에 대한 걱정 때문에 교대에 진학하여 초등 교사가 되거나 안정적인 공무원이 되기를 바라고 있다.

	합리적인 의사결정 단계	내용
1단계	문제 확인하기: 해결해야 할 문제를 정확히 확인	
2단계	해결 방법 찾기: 문제를 해결할 수 있는 가능한 방법 탐색	
3단계	평가 기준 만들기: 문제를 해결하는 방법들의 평가 기준을 세움	
4단계	해결 방법의 평가와 결정: 문제를 해결하는 방법 중 가장 좋다고 생각하는 것을 결정	
5단계	실천 계획 세우기: 문제를 해결할 수 있도록 구체적인 실천 계획을 세움	

2. 앞선 갈등 상황에서 본인이 생각하기에 가장 어려운 단계는 어느 단계인가? 그 이유는?

고등학교 진로역량 강화를 위한 기본수업활동 3-3-1

II. 다양한 진로탐색을 하다 - 3. 나의 희망 직업 선택

학습단원	대단원	III. 나의 진로를 결정하다	소단원	3. 나의 희망 직업 선택
수업구성	교과서 페이지	122 - 125	활동방법	모둠/토론활동
	시간(분)	50분	평가방법	모둠별 발표하기
학습목표	1. 합리적인 의사결정을 통해 나의 희망 직업을 선택할 수 있다.			
교과 연계성	이 활동은 희망 진로에 대해 분석하고 자신에 대한 SWOT분석을 통해 진로 희망을 이루기 위한 전략을 세우는 데 도움을 준다.			

진로 역량	대영역	중영역	하위영역	세부내용
	진로관리	진로설계	진로 계획	진로목표를 이루기 위한 실천 계획을 가지고 있는 상태

활동목표	1. 수집한 직업정보를 선별하고 활용할 수 있다. 2. 관심 진로 학과, 직업과 맞는 자신의 특성를 비교, 분석할 수 있다.
성취기준	1. 자신에 대한 분석을 통해 진로 희망을 이루기 위한 전략을 세울 수 있다.
세부 활동내용	[활동지1] 1. 나의 관심 직업에 대해 이야기해 보자. 2. 나에 대한 SWOT분석을 해 보자. 3. 나의 관심 직업군과 SWOT분석 자료를 비교해 보자. 4. 나의 진로 희망을 달성하기 위한 전략을 세워 보자.
교사역할	1. 수업 소개 2. 활동 소개 3. 활동 참여 방법 소개 4. 결과물 공유하기 안내 5. 평가 방법 설명하기
학생역할	1. 해당 수업 소개를 잘 듣고 수업 목표 숙지하기 2. 활동 소개를 잘 듣고 활동목표와 성취기준에 대해 이해하기 3. 활동 참여 방법을 잘 이해하고 적극적인 참여 태도를 갖기 4. 결과물을 동료학습자와 공유하는 방법을 이해하고 준비하기 5. 평가 방법을 이해하고 학습목표에 도달하였는지 점검하기

나의 진로 희망에 대해 SWOT분석해 보기

시간	세부 주제	활동1 이해하기 - 학습목표	학습자료
10분	나의 희망 직업 선택	−나의 희망 진로에 대해 SWOT분석을 실시해 본다.	−활동지1

1. 나의 진로 희망에 대해 다음의 예시를 참고하여 SWOT분석을 실시해 보자.

* SWOT분석이란, Strength(강점), Weakness(약점), Opportunities(기회), Threats(위협)의 단어 조합의 약어로, 내부의 강점과 약점을 파악하여 강점은 살리고 약점을 보완하며, 외부로부터의 기회는 최대한 살리는 한편 위협이 되는 요소를 회피하는 전략으로, 기업 경영이나 개인 장점 찾기 등에 활용되는 방법론이다.

희망 진로	Strength(강점)	Weakness(약점)	Opportunities(기회)	Threats(위협)
	내가 갖고 있는 강점	내가 갖고 있는 약점	외부 환경에서 비롯된 기회	외부 환경에서 비롯된 위협
예) 댄스 가수	−춤을 잘 춤 −무대에 서는 것을 좋아함	−노래 실력은 보통임 −부모님이 반대함	−유튜브에서 좋은 반응을 얻고 있음	−집이 지방이라 기획사 오디션 참가 등 정보와 접근성에 제한적

시간	세부 주제	활동2 토의하기 - 학습목표	학습자료
10분	나의 희망 직업 선택	-나의 희망 진로에 대한 SWOT분석 결과를 토대로 진로를 희망하는 이유를 동료에게 설명할 수 있다.	-활동지1

1. 앞선 SWOT분석 결과를 토대로, 내가 해당 진로를 희망하는 이유를 동료에게 설명해 보자.

시간	세부 주제	활동3 협력하기 - 학습목표	학습자료
20분	나의 희망 직업 선택	-동료를 위한 직업상담가가 되어 동료의 희망 진로군에 대한 정보를 탐색하여 설명할 수 있다.	-활동지1 -워크넷(work.go.kr)

1. 동료가 희망하는 직업 두 개를 워크넷에서 검색한 후, 아래의 표에 요약하여 동료에게 설명해 보자.

	동료의 희망 직업1 ( )	동료의 희망 직업2 ( )
하는 일		
관련 학과		
평균 임금		
직업 만족도		
직업 전망		
업무 환경		

시간	세부 주제	활동4 문제해결하기 – 학습목표	학습자료
10분	나의 희망 직업 선택	–나의 최종 희망 직업을 선택하고, 그 이유에 대해 설명할 수 있다.	–활동지1 –직업군이 설명되어 있는 사이트(워크넷 등)

1. 나의 최종 희망 직업을 선택하고, 그 이유를 세 가지를 제시할 수 있다.

나의 최종 희망 직업	
직업 선택의 이유1	
직업 선택의 이유2	
직업 선택의 이유3	

III. 나의 진로를 결정하다 - 4. 나의 희망 전공 계열과 과정 선택

학습단원	대단원	III. 나의 진로를 결정하다	소단원	4. 나의 희망 전공 계열과 과정 선택
수업구성	교과서 페이지	126 - 139	활동방법	모둠/토론활동
	시간(분)	50분	평가방법	모둠별 발표하기
학습목표		1. 자신이 선택한 직업을 실현할 수 있는 전공 계열 및 학과에 대한 정보를 탐색하고, 합리적으로 선택할 수 있다. 2. 재학하고 있는 학교의 교육과정 편성에 대해 알고, 자신이 희망하는 직업을 갖기 위해 알맞은 과정 및 과목을 선택할 수 있다.		
교과 연계성		이 활동은 대입 관련 정보나 관심을 가지고 있는 학과 및 전공에 대해 효율적인 탐색방법으로 정보를 수집할 수 있도록 도와준다.		

진로 역량	대영역	중영역	하위영역	세부내용
	진로관리	진로설계	진로 계획	진로목표를 이루기 위한 실천 계획을 가지고 있는 상태

활동목표	1. 대학 및 전공에 대한 다양한 정보를 탐색할 수 있다. 2. 다양한 방법으로 대학의 유형 및 전공 계열에 대한 정보를 탐색할 수 있다.
성취기준	1. 대학의 유형과 전공에 대한 정보를 탐색할 수 있다.
세부 활동내용	[활동지1] 1. 커리어넷 또는 대입정보포털, 대학알리미와 같은 대입정보 사이트에 접속하여 대학의 유형 및 관련 정보를 탐색해 보자. 2. 자신이 관심을 가지고 있는 대학, 학과 및 전공에 대해 개인 보고서를 작성해 보고 친구들 앞에서 발표해 보자.
교사역할	1. 수업 소개 2. 활동 소개 3. 활동 참여 방법 소개 4. 결과물 공유하기 안내 5. 평가 방법 설명하기
학생역할	1. 해당 수업 소개를 잘 듣고 수업 목표 숙지하기 2. 활동 소개를 잘 듣고 활동목표와 성취기준에 대해 이해하기 3. 활동 참여 방법을 잘 이해하고 적극적인 참여 태도를 갖기 4. 결과물을 동료학습자와 공유하는 방법을 이해하고 준비하기 5. 평가 방법을 이해하고 학습목표에 도달하였는지 점검하기

시간	세부 주제	활동1 이해하기 - 학습목표	학습자료
30분	나의 희망 직업 선택	− 희망 진로를 위한 대학 전공 계열에 대해 설명할 수 있다.	− 활동지1 − 대학알리미, 어디가 등

1. 희망하는 전공 또는 학과를 관심 기준을 선택하여 1위부터 5위까지 대학알리미 또는 대입정보포털을 통해 검색해 보자.

구분	전국 대학 중 ( )학과 우수 대학	구분	우리지역 대학 중 ( )학과 취업률
1위		1위	
2위		2위	
3위		3위	
4위		4위	
5위		5위	

2. 커리어넷 또는 대입정보포털을 통해 관심 학과와 관련된 정보를 탐색해 보자.

	관심 전공1 (학과)	관심 전공2 (학과)	관심 전공3 (학과)
주요 교육 내용			
졸업 후 진로			
요구되는 역량, 적성 및 흥미			
관련 자격증			
관련 고교 과목			

시간	세부 주제	활동2 문제해결하기 – 학습목표	학습자료
20분	나의 희망 직업 선택	–나의 최종 진로목표와 희망 학과에 대한 내용을 정리하여 보고서 형태로 발표할 수 있다.	–활동지1 –대학알리미, 어디가 등

1. 나의 최종 진로목표와 희망 학과에 대한 내용을 정리하여 보고서 형태로 발표할 수 있다.

보고서 제목	
희망 진로 및 직업	
희망 진로 결정 이유	
관련 학과	
관련 학과 대학 TOP5	
주요 교육 내용	
관련 적성 및 역량	
관련 자격증	
관련 고교 교과목	
진학 목표 달성을 위한 각오	

IV

진로를 계획하고 준비하다

청소년의 진로설계역량을 강화하기 위한 고등학생용 진로워크북

IV. 진로를 계획하고 준비하다 - 1. 진로 계획의 의의 및 수립

학습단원	대단원	IV. 진로를 계획하고 준비하다	소단원	1. 진로 계획의 의의 및 수립
수업구성	교과서 페이지	144 – 153	활동방법	모둠/토론활동
	시간(분)	50분	평가방법	모둠별 발표하기

학습목표	1. 진로 계획의 중요성 및 필요성을 이해하고 자신의 진로목표에 따른 장기적인 진로 로드맵을 설계할 수 있다. 2. 자신의 진로 계획을 바탕으로 구체적인 진학 계획과 취업 계획을 수립할 수 있다.
교과 연계성	이 활동은 고등학교 과정에서는 진로목표를 보다 구체화하고 이러한 목표를 실현하기 위해 요구되는 직업, 대학, 학과 계획을 구체적으로 수립할 수 있도록 도와준다.

진로 역량	대영역	중영역	하위영역	세부내용
	진로관리	진로탐색	진로정보	직업과 진학에 대한 다양한 정보를 알고 찾을 수 있는 능력
			진로탐색	진로에 대해 다양한 방법을 통해 적극적으로 탐색하는 능력

활동목표	1. 진로목표를 세우고, 구체적인 계획을 수립할 수 있다. 2. 자신의 진로목표를 구체화할 수 있다.
성취기준	1. 자신의 진로목표를 달성하기 위한 구체적인 로드맵을 만들 수 있다.
세부 활동내용	[활동지1] 1. 변화하는 세상 속에서 나의 진로목표를 작성해 보자. 그리고 이러한 진로목표를 달성하기 위한 구체적인 방법을 제시해 보자. 2. 자신이 작성한 진로목표를 도달하는 과정을 학년별로 세부적으로 단계를 진술해 보자. 3. 보완해야 할 점이 있다면 말해 보자.
교사역할	1. 수업 소개 2. 활동 소개 3. 활동 참여 방법 소개 4. 결과물 공유하기 안내 5. 평가 방법 설명하기
학생역할	1. 해당 수업 소개를 잘 듣고 수업 목표 숙지하기 2. 활동 소개를 잘 듣고 활동목표와 성취기준에 대해 이해하기 3. 활동 참여 방법을 잘 이해하고 적극적인 참여 태도를 갖기 4. 결과물을 동료학습자와 공유하는 방법을 이해하고 준비하기 5. 평가 방법을 이해하고 학습목표에 도달하였는지 점검하기

시간	세부 주제	활동1 이해하기 - 학습목표	학습자료
30분	나의 진로 로드맵	– 나의 진로목표를 세워보고 그에 대한 이유를 설명할 수 있다. – 나의 진로목표를 달성하기 위한 구체적인 실천 방안에 대해 말할 수 있다.	– 활동지 1

◆ 나의 진로목표를 달성하기 위한 3가지 계획을 세워보자.

진로목표	진로목표를 세운 이유
1.	
2.	
3	

◆ 위에서 작성한 진로목표를 달성하기 위한 로드맵을 학년별로 작성해 보자.

진로목표	현재 상태	1학년 달성 가능한 방식	2학년 달성 가능한 방식	3학년 달성 가능한 방식	요구 사항
1.	관련 교과 성취도(상, 중, 하): 비교과 성취도(상, 중, 하):				
2.	관련 교과 성취도(상, 중, 하): 비교과 성취도(상, 중, 하):				
3.	관련 교과 성취도(상, 중, 하): 비교과 성취도(상, 중, 하):				

시간	세부 주제	활동2 토의하기 – 학습목표	학습자료
30분	청소년의 진로 멘토링	– 나의 진로설계에 도움을 줄 수 있는 진로 멘토링에 대해 말할 수 있다.	– 활동지2

◆ 커리어넷에서 제공하는 청소년 진로 멘토링 꿈꾸는 대로 나영석피디편을 시청하고 내가 생각하는 멘토링과 멘토링 프로그램을 제공하는 기관, 단체를 검색해 보자.

[진로동영상]

https://www.career.go.kr/cnet/front/web/movie/catMapp/catMappView.do?ARCL_SER=1012656]

PD인생 14년, 방송사에 길이 남을 만한 굵직한 프로그램으로 대한민국의 대중문화를 주도한 나영석. 나영석의 청소년 진로 멘토링 꿈꾸는 대로.

구분	내가 희망하는 멘토링 프로그램	멘토링 프로그램 지원 기관	멘토링 프로그램 내용
1			
2			

시간	세부 주제	활동3 협력하기 - 학습목표	학습자료
30분	나의 멘토를 찾아서	– 내가 희망하는 멘토는 선정하여 그 선정 배경에 대해 말할 수 있다. – 나의 진로설계와 관련하여 내가 멘토로부터 받을 수 있는 도움은 무엇인지 말할 수 있다.	– 활동지3

◆ 다음 뉴스 기사를 읽고 나의 진로 멘토링을 이끌어줄 멘토를 찾는 방법을 생각해 보자.

연세대 고등교육혁신원/멘토링&강연 교육기부 봉사단, 2021 헤르멘티 프로그램 개최

[베리타스알파=나동욱 기자] 연세대 고등교육혁신원(원장 장용석)과 멘토링&강연 교육기부 봉사단(단장 윤종환, 이하 멘봉단)이 공동으로 주최하는 '2021 헤르멘티(Hermentee)'프로그램이 지난 27일 처음 진행됐다. Y²-Dream (Yonsei & Youth) 사업으로 진행되는 이번 행사는 신종 코로나 바이러스에 대응해 정보 소외 지역 청소년의 온라인 진로탐색 기회를 제공하고 사회혁신 가치관 공유를 위해 마련됐다. 사회적 거리두기의 여파로 여러 체험 행사가 취소, 축소되는 가운데 이 문제를 해결하기 위해 대학생들이 자발적으로 나선 것이다.

헤르멘티는 헤르메스와 멘티의 합성어로, 대학생 멘토와 함께 한 해 동안 1:1로 24시간 멘토링을 할 수 있는 멘봉단의 온라인 플랫폼이다.

올해로 9회를 맞은 이번 프로그램에는 연세대학교를 비롯한 전국의 52개 대학 70개 학과의 대학생 100명이 멘토로 임명됐으며, 강원부터 제주까지 20개 지역에 거주 중인 청소년 100명이 헤르멘티로 선발됐다.

헤르멘티로 선발된 청소년은 멘토와 함께 1년 간 ▲ 문학예술을 통한 나, 타자, 사회, 세계 탐구 ▲ 오디오북을 활용한 사회적가치 기본 소양 교육 ▲ 정신분석을 응용해 자기 상처에 새로운 언어 만들어주기 프로젝트 ▲ 희망 진로 연계 사회문제 해결 장기 프로젝트 ▲ 학업 및 진로진학 정보 탐색 등을 수행한다. 기존의 입시 위주 멘토링으로부터 벗어나 새롭고 창의적인 형태의 상호교류를 이어갈 예정이다. 모든 프로그램은 무료로 진행된다.

출처: http://www.veritas-a.com/news/articleView.html?idxno=361929

잠재적 멘토	선정 배경	도움을 받을 수 있는 내용	진로와의 관련성
멘토1:			
멘토2:			

시간	세부 주제	활동4 문제해결하기 - 학습목표	학습자료
20분	나의 진로 디자인 씽킹	－디자인 씽킹 문제 해결 방법을 이용하여 나의 진로목표 달성을 위한 진로설계 로드맵을 완성할 수 있다.	－활동지4

◆ 다음의 내용과 디자인 씽킹의 예시를 살펴 보자. 디자인 씽킹 문제 해결 방법을 이해하고 이를 이용하여 나만의 진로목표 달성을 위한 진로설계 로드맵을 완성해 보자.

[디자인 씽킹이란]

디자인 씽킹 사례: https://www.youtube.com/watch?v=0J3476ZXmTM

디자인 씽킹은 목표 달성을 저해하는 장애물을 파악하고 이를 극복하기 위한 방안을 다시 설정하는 데 매우 효과적이다. 미국의 디자인 회사 아이데오(IDEO)의 CEO팀 브라운이 제안하고 적용해 널리 알려진 혁신을 위한 사고방식이다. 혁신 방법론을 연구하는 '디스쿨(d.School)'의 창립자인 버나드 로스 스탠포드 공대 교수가 제안한 디자인 씽킹의 5단계는 다음과 같다.

－1단계: 공감(Emphathize) － 해결해야 할 문제들이 무엇인지 고민하는 단계
－2단계: 정의(Define) － 명확하게 어떤 것이 문제인지 정의를 내리는 단계
－3단계: 아이디어(Ideate) － 브레인스토밍을 통해 가능한 많은 대안들을 적어 내려가는 단계
－4단계: 프로토타입(Prototype) － 아이디어 중 실현 가능한 것들을 골라 시안 또는 시제품을 만드는 단계
－5단계: 테스트(Test) － 생산된 시제품과 시안을 적용해보는 단계

구분	내용
나의 진로목표	
1. 공감	
2. 정의	
3. 아이디어	
4. 프로토타입	
5. 테스트	

미디어 자료

활동2 토의하기

커리어넷 진로동영상

https://www.career.go.kr/cnet/front/web/movie/catMapp/catMappView.do?ARCL_ SER=1012656

활동3 협력하기

교육전문신문 [베리타스알파] http://www.veritas−a.com/news/articleView.html?idxno=361929

활동4 문제해결하기

네이버 지식백과: 디자인 씽킹이란?

https://terms.naver.com/entry.naver?docId=3534377&cid=58540&categoryId=58540

고등학교 진로역량 강화를 위한 기본수업활동 4-2-1

IV. 진로를 계획하고 준비하다 - 2. 역할 모델의 의의 및 설정

학습단원	대단원	IV. 진로를 계획하고 준비하다	소단원	2. 역할 모델의 의의 및 설정
수업구성	교과서 페이지	154 – 161	활동방법	모둠/토론활동
	시간(분)	50분	평가방법	모둠별 발표하기
학습목표		1. 나의 역할 모델을 찾아 인터뷰 계획을 세우고 실제로 인터뷰를 하여 발표할 수 있다.		
교과 연계성		이 활동은 자신의 진로 로드맵을 작성해 보고 진로 관련 의사결정 과정을 점검함으로써 자신이 어떠한 과정을 통해 진로를 선택해왔는지 파악할 수 있도록 도와준다. 또한 중장기적인 진로 계획을 수립할 수 있는 기회를 제공한다.		

진로 역량	대영역	중영역	하위영역	세부내용
	진로관리	진로인식	자아이해	흥미와 적성 등 자신의 특징과 내면을 잘 이해하는 상태

활동목표	1. 고등학교 이후의 진로 계획을 고려하여 취업 또는 진학 여부를 선택할 수 있다. 2. 자신의 진로목표를 고려하여 취업 또는 진학 여부를 선택할 수 있다.
성취기준	1. 자신의 진로 로드맵을 작성하고 취업 또는 취직에 대한 장점과 단점을 비교해 보고 자신의 진로의사결정 과정에 대해 말할 수 있다.
세부 활동내용	[활동지1] 1. 자신의 고등학교 졸업 후 취업진로와 진로진학을 위한 로드맵을 작성해 보자. 2. 취업진로 로드맵을 구성한 경우, 진로의사결정 과정에서 결정적 요인이 무엇인지 말해 보자. 3. 진로진학 로드맵을 구성한 경우, 진로의사결정 과정에서 결정적 요인이 무엇인지 말해 보자.
교사역할	1. 수업 소개 2. 활동 소개 3. 활동 참여 방법 소개 4. 결과물 공유하기 안내 5. 평가 방법 설명하기
학생역할	1. 해당 수업 소개를 잘 듣고 수업 목표 숙지하기 2. 활동 소개를 잘 듣고 활동목표와 성취기준에 대해 이해하기 3. 활동 참여 방법을 잘 이해하고 적극적인 참여 태도를 갖기 4. 결과물을 동료학습자와 공유하는 방법을 이해하고 준비하기 5. 평가 방법을 이해하고 학습목표에 도달하였는지 점검하기

활동 안내서

시간	세부 주제	활동1 이해하기 – 학습목표	학습자료
20분	나만의 진로/진학 로드맵	－가상 취업진로 또는 진로진학 로드맵을 통해 나만의 미래 진로에 대한 로드맵을 설계할 수 있다.	－활동지 1

◆ 다음의 예시를 참고로 하여 자신만의 취업진로/진로진학 로드맵을 작성해 보자.

00소프트 취업을 목표로 하는 김현재의 가상 취업진로 로드맵	
2019	00고등학교 입학
2020	졸업 후 진학보다 취업을 하기로 결정
2020	엑셀, 파워포인트 등 컴퓨터 활용 자격증 취득
2020	정보경진대회 참가, 우수상 수상
2021	정보올림피아드 참가, 동상 수상
2021	방과 후 활동으로 IT 관련 기초 자격증 3개 이상 획득
2021	00소프트 여름 인턴 캠프 참가
2022	00소프트 합격, 경영관리부 발령
2023	00소프트 올해의 우수 직원상 수상

00대학교 신소재공학부 진학을 목표로 하는 김현재의 가상 진로진학 로드맵	
2019	00고등학교 입학
2019	졸업 후 대학에 신소재공학부에 진학을 하기로 결정
2019	자율동아리로 화학연구동아리 조직 및 주도적 참여
2020	교내 과학경진대회에서 우수상 수상
2020	00대학교 과학창의경진대회에서 금상 수상
2021	00대학교 최첨단 과학연수 참가
2021	우수한 내신 성적 + 수능 성적으로 00대학교 신소재공학부 합격
2022	00대학교 신소재공학부에서 4년 우수 성적으로 총장상 수상 도전

나만의 취업진로/진로진학 로드맵	
20	
20	
20	
20	
20	
20	
20	

시간	세부 주제	활동2 토의하기 – 학습목표	학습자료
30	나의 희망 전공/학과 탐색	− 인터넷 검색을 활용하여 나의 희망 대학/전공/학과에 대한 포괄적인 정보를 탐색하고 진학을 위한 필수적인 내용을 이해할 수 있다.	− 활동지2

◆ 인터넷을 활용하여 진로진학정보센터를 통해 나의 희망 대학/전공/학과에 대한 정보를 정리 요약해 보자.

[서울진로진학정보센터]

구분	희망 대학	희망 전공/학과	수시전형	정시전형	수능평가	대학별 고사	기타 정보
1							
2							
3							

출처: https://www.jinhak.or.kr/subList/20000000236

시간	세부 주제	활동3 협력하기 - 학습목표	학습자료
30분	나만의 대입 수시 준비	− 대입 수시를 위한 준비 로드맵을 설계해 보고, 친구와 공유를 통해 부족한 점을 보완할 수 있다.	− 활동지3

◆ 친구와 함께 진로진학 정보에 대한 진로박람회를 참고하여 대학생 도우미, 멘토, 멘티를 참고하여 다음을 작성해 보자.

[대입 수시 정보 활용 절차]

대학	성적입력	내 성적으로 갈 수 있는 대학	내가 만족하는 수시 최저기준	학종정보	합불사례	요강검색	대학진학정보

출처: https://ipsi.jinhak.or.kr/subList/20000000317

시간	세부 주제	활동4 문제해결하기 - 학습목표	학습자료
20분	진학을 위한 멘토-멘티 맺기	-자신이 원하는 대학/학과의 멘토링 프로그램을 찾아 대학 진학을 위한 지원을 받을 수 있다.	-활동지4

◆ 다음 사례를 읽고 자신의 원하는 대학/학과의 멘토링 프로그램을 검색하고 필요한 정보를 정리해 보자.

세종시교육청, 겨울방학 전공멘토링 열어

우리누리 대학생 멘토단, 후배들 꿈을 구체화하는 활동
전공 관련 고교 활동 찾기·학습 코칭·대입전형 준비 등

세종시교육청은 우리누리 대학생 멘토단과 오는 22일까지 '겨울방학 온라인 전공멘토링'을 운영한다. 우리누리 대학생 멘토단은 세종시 고교를 졸업했거나 세종에 거주하는 대학생들로 구성된 자발적인 교육봉사자 모임이다. 지난 2018년도부터 세종시 지역의 중·고등학생들에게 진로 및 진학에 필요한 정보를 효과적으로 제공하는 길라잡이 역할을 해왔다. 이번 전공멘토링은 공학, 자연과학, 정치외교, 사회과학, 유아교육, 사범대학, 예체능 등 9개 전공 관련 내용으로 중 3학년과 고 1, 2학년 약 70여 명을 대상으로 5일 동안 매회 120분씩 모두 20회 운영된다. 멘토링 세부 내용은 전공 소개, 전공과 관련된 고등학교 활동 찾기, 꿈을 구체화하기 위한 노력, 학습 코칭 및 대입전형 준비 안내로 구성됐다. 또 멘토 1인당 멘티 학생 2~4명으로 매칭해 방학 중 자기주도적으로 진로·진학을 탐색할 수 있도록 했다. 특히, 코로나19 확산 방지를 위해 온라인 플랫폼 줌(zoom)을 활용한 실시간 쌍방향 온라인 방식으로 진행된다.

출처 : 충청일보(http://www.ccdailynews.com)

멘토링 프로그램	희망 학과	나의 멘토	궁금한 점	나의 실천 방안

출처: http://www.ccdailynews.com/news/articleView.html?idxno=2030059

🔘 미디어 자료

> **활동2 토의하기**
>
> https://www.jinhak.or.kr/subList/20000000236
>
> **활동3 협력하기**
>
> https://ipsi.jinhak.or.kr/subList/20000000317
>
> **활동4 문제해결하기**
>
> 충청일보(http://www.ccdailynews.com)

IV. 진로를 계획하고 준비하다 - 3. 진학 및 취업 준비

학습단원	대단원	IV. 진로를 계획하고 준비하다		소단원	3. 진학 및 취업 준비
수업구성	교과서 페이지	162 – 215		활동방법	모둠/토론활동
	시간(분)	50분		평가방법	모둠별 발표하기
학습목표	1. 대학입시제도에 대해 전반적으로 이해하고, 현재까지 나의 전형 요소 준비 정도를 점검할 수 있다. 2. 수시 모집 전형의 특징을 이해하고 수시 지원에 필요한 사항을 파악할 수 있다. 3. 정시 모집으로 지원하고자 하는 대학의 요강과 전형 요소의 내용을 분석하고, 정시 지원에 필요한 사항들을 파악할 수 있다. 4. 입학사정관제의 의미와 특징을 알고 평가 영역과 내용을 이해하며, 이에 대한 대비 방안을 마련할 수 있다.			
교과 연계성	이 활동은 이력서 및 자기소개서 작성, 자기 점검을 위한 모의 면접 체크리스트 방법을 통해 희망 직종에서 요구되는 여러 가지 조건이나 자격 등을 탐색할 수 있으며 나아가 성인으로서의 삶을 구체적으로 계획할 수 있도록 도와준다.			

진로 역량	대영역	중영역	하위영역	세부내용
	진로관리	진로인식	직업세계의 이해	다양한 직업을 알고 직업세계가 변화하고 있음을 이해하는 능력
			직업의식	사회 진출 후 직업인으로서 바른 태도와 행동을 유지하기 위한 도덕관 및 가치관

활동목표	1. 고등학교 이후의 진로 계획을 고려하여 취업 또는 진학 여부를 선택할 수 있다. 2. 이력서, 자기소개서 쓰기, 면접 등 구직기술과 방법을 알고 자신에게 알맞게 적용할 수 있다.
성취기준	1. 자신에게 맞는 이력서, 자기소개서 작성을 통해 희망 직종에서 요구되는 조건이나 자격을 말할 수 있다.
세부 활동내용	[활동지1] 1. 이력서를 작성하기 전 나의 마인드맵을 그려 보자. 2. 이력서 양식을 참고하여 나의 이력서를 작성해 보자.
교사역할	1. 수업 소개 2. 활동 소개 3. 활동 참여 방법 소개 4. 결과물 공유하기 안내 5. 평가 방법 설명하기
학생역할	1. 해당 수업 소개를 잘 듣고 수업 목표 숙지하기 2. 활동 소개를 잘 듣고 활동목표와 성취기준에 대해 이해하기 3. 활동 참여 방법을 잘 이해하고 적극적인 참여 태도를 갖기 4. 결과물을 동료학습자와 공유하는 방법을 이해하고 준비하기 5. 평가 방법을 이해하고 학습목표에 도달하였는지 점검하기

시간	세부 주제	활동1 이해하기 - 학습목표	학습자료
30분	면접에서 자기소개하기	– 진학이나 취업을 준비하며 자신에 대한 마인드맵을 통해 자기소개를 준비할 수 있다.	– 활동지1

1. 정말 가고 싶은 회사나 대학의 면접을 보기 전 자신의 특징을 파악할 수 있는 마인드맵을 그려 보자.

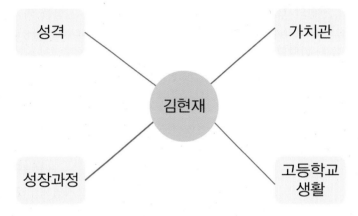

2. 상대방과 자기소개를 연습해 보고 보완할 점을 수정해 보자.

나의 자기소개 장점	보완할 점

시간	세부 주제	활동2 토의하기 – 학습목표	학습자료
30분	이력서 작성	−온라인상에서 무료로 사용할 수 있는 이력서 양식을 찾아보고 이를 토대로 이력서를 작성 할 수 있다.	−활동지2

이력서

사진	성명			
	생년월일		연락처	
	주소			
학력사항	학교명		기간	
			~	
경력사항	업체명		기간	~
	근무내용			
	업체명		기간	~
	근무내용			
	업체명		기간	~
	근무내용			

위의 모든 기재사항은 사실과 다름없음을 확인합니다.

20   년   월   일   작성자: (인)

시간	세부 주제	활동3 협력하기 - 학습목표	학습자료
30분	자기소개서 작성	−자기소개서 양식을 이용하여 자기소개서를 작성할 수 있다.	−활동지3

◆ 아래의 질문을 잘 읽고 나만의 자기소개서를 작성해 보자.

[자기개발능력]

− 최근 성취한 일 중에서 가장 자랑할 만한 일은 무엇입니까? 그것을 성취하기 위해 귀하는 어떤 일을 했습니까?

[대인관계 능력]

− 약속과 원칙을 지켜 신뢰를 형성 또는 유지한 경험에 대하여 기술하십시오.

[의사소통 능력]

− A라는 직원이 업무 관련으로 고객과 대화를 나누고 있다. 그런데 고객은 이해가 되지 않는다고 반문했다. 대화 중 무엇이 문제이고 어떻게 해결할 수 있는지 설명하시오.

[직업윤리]

− 직장인으로서의 직업윤리가 왜 중요한지 본인의 가치관을 중심으로 설명하십시오.

시간	세부 주제	활동4 문제해결하기 – 학습목표	학습자료
20분	자기소개 영상 만들기	– 미디어 제작 프로그램을 이용하여 자기소개 하는 영상을 제작할 수 있다.	– 활동지4

◆ **파우툰이나 유튜브를 이용하여 5분 이내의 자신을 소개하는 영상을 제작해 보자.**

[파우툰]

파우툰은 동영상 및 애니메이션을 쉽고 빠르게 제작할 수 있는 사이트입니다. 누구나 무료로 가입할 수 있으며 제작한 영상 URL을 공유할 수 있습니다. 회원가입 후 로그인하면 다양한 템플릿 카테고리가 나옵니다. 다음의 파우툰 사용방법을 참고하여 자신을 소개하는 영상을 제작해 보자.

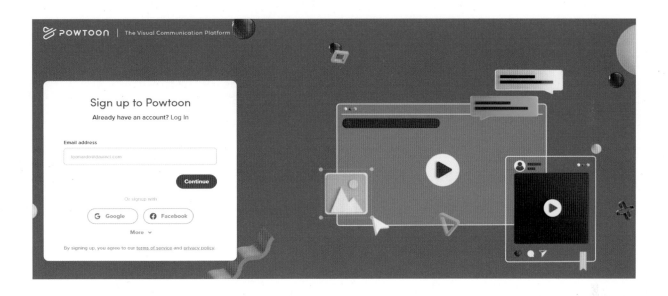

IV. 진로를 계획하고 준비하다 - 4. 행복한 직업 생활을 위한 준비

학습단원	대단원	IV. 진로를 계획하고 준비하다	소단원	4. 행복한 직업 생활을 위한 준비
수업구성	교과서 페이지	216-230	활동방법	모둠/토론활동
	시간(분)	50분	평가방법	모둠별 발표하기
학습목표		1. 훌륭한 직업인이 되기 위해 갖추어야 할 자세와 역량의 필요성에 대하여 이해할 수 있다. 2. 삶과 직업, 행복에 대한 의미를 이해하고 행복한 직업 생활을 위한 나의 역할을 정립할 수 있다.		
교과 연계성		이 활동은 인터넷을 활용하여 희망 직종과 관련된 구인정보를 탐색하고 근로조건 작성을 통해 구직, 구인 관련 용어에 대한 이해도를 높일 수 있고, 자신에게 필요한 이력에 대한 이해를 높일 수 있다.		

진로 역량	대영역	중영역	하위영역	세부내용
	진로관리	진로설계	진로의사 결정능력	진로를 결정하는 데 다양한 정보를 수집하고 비교하여 결정하는 능력
			진로 계획	진로목표를 이루기 위한 실천 계획을 가지고 있는 상태

활동목표	1. 고등학교 이후의 진로 계획을 고려하여 취업 또는 진학 여부를 선택할 수 있다. 2. 희망 직종의 구인정보를 찾고, 희망 취업처의 근로조건, 해당 직무 등을 이해할 수 있다.
성취기준	1. 인터넷을 활용하여 희망 직종의 채용정보를 찾고 근로조건을 작성할 수 있다.
세부 활동내용	[활동지1] 1. 워크넷, 직업훈련포털과 같은 직업정보 사이트를 방문하여 희망 직종의 채용정보를 정리해 보자. 2. 자신이 원하는 희망 직종을 선택하였다면 입사지원을 위한 체크리스트를 작성해 보자. 3. 자신이 원하는 희망 직종을 선택하였다면 그 직종의 근로조건을 정리해 보자.
교사역할	1. 수업 소개 2. 활동 소개 3. 활동 참여 방법 소개 4. 결과물 공유하기 안내 5. 평가 방법 설명하기
학생역할	1. 해당 수업 소개를 잘 듣고 수업 목표 숙지하기 2. 활동 소개를 잘 듣고 활동목표와 성취기준에 대해 이해하기 3. 활동 참여 방법을 잘 이해하고 적극적인 참여 태도를 갖기 4. 결과물을 동료학습자와 공유하는 방법을 이해하고 준비하기 5. 평가 방법을 이해하고 학습목표에 도달하였는지 점검하기

시간	세부 주제	활동1 이해하기 - 학습목표	학습자료
30분	입사 준비	－커리어넷, 워크넷, 직업훈련포털 등을 통해 자신의 희망하는 직종의 채용정보를 확인하고 취업 준비를 적절하게 할 수 있다.	－활동지 1

◆ 커리어넷, 워크넷, 직업훈련포털, 각종 인터넷을 활용하여 희망 직종의 채용정보를 정리해 보자.

직업명		
회사정보	회사명	
	회사 주소	
	근로자 수	
	설립연도/매출액	
직무내용	모집분야	
	고용형태	
	업무내용	
	학력 및 자격조건	
	복리후생	
채용조건	채용인원	
	근무시간/급여	
	홈페이지 주소	
지원서류 제출	접수 마감일	
	제출서류	
	접수방법	

◆ 위의 정보를 토대로 상대방과 공유하면서 피드백을 받아 보자.

구분	회사명	인상적인 점	회사에 적합한 인재상	입사를 위해 필요한 점	적합성 정도

시간	세부 주제	활동2 토의하기 - 학습목표	학습자료
30분	입사지원 체크리스트 작성	−상대방과 함께 협력하여 완벽한 입사지원을 준비하기 위한 방법을 도출해낼 수 있다.	−활동지2

◆ **입사지원을 위한 체크리스트를 작성해 보자.**

체크 항목	점검 여부(O/X)	체크항목	점검 여부(O/X)
1. 희망 직종		11. 채용인원	
2. 회사명		12. 제출서류	
3. 웹사이트 주소		13. 서류제출기한	
4. 고용형태		14. 서류제출방법	
5. 채용직무		15. 1차 합격 발표일	
6. 자격요건		16. 면접날짜	
7. 학력조건		17. 면접장소	
8. 급여조건		18. 최종 합격자 발표	
9. 근무시간		19. 근무예정일	
10. 복리후생		20. 근무예정부서	

◆ **실제 면접을 준비하기 위한 항목을 만들어 보자.**

좋은 첫인상을 심어주기 위한 전략 5가지	
면접에서 자신을 어필할 수 있는 방법 3가지	
면접에서 쓰지 말아야할 표현 5가지	
효율적인 자기소개 방법 3가지	
온라인 면접을 효율적으로 준비하기 위한 전략 3가지	

시간	세부 주제	활동3 협력하기 - 학습목표	학습자료
30분	모의 면접	－그룹을 만들어 친구들과 면접 문항을 만들어 보고 모의 면접을 수행해봄으로써 실제 면접을 훈련할 수 있다.	－활동지3

◆ 온라인 영상들을 참고하여 진학/취업 면접을 시뮬레이션 해 보자.

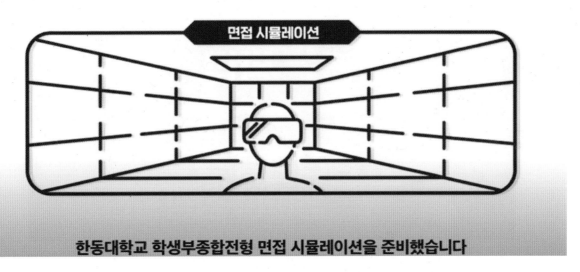

출처: https://www.youtube.com/watch?v=HcEv9FRtEfs
한국직업방송: https://www.youtube.com/watch?v=EQ96U5yeYfE

실제 실전 취업 면접 준비를 위한 영상입니다.
◆ 모의 면접을 통해 실제 면접 과정을 상세하게 되돌아 보자.

면접 전	
면접 과정	
면접 후	

시간	세부 주제	활동4 문제해결하기 - 학습목표	학습자료
20분	좋은 인재 고르는 방법	−자신을 기업의 CEO라고 가정하고 좋은 인재를 선발하는 과정을 생각해 보고 좋은 인재의 특징을 이해할 수 있다.	−활동지4

◆ 여러분들이 기업을 운영하는 CEO라고 가정하고 좋은 인재를 선발하는 방법을 생각해 보자.

[직원을 잘 뽑는 방법 10가지]

좋은 인재를 뽑기 위한 전략	1. 성실한 인재를 원한다. 3개월 유급 수습 기간 또는 인턴 기간을 적용하여 성실한 인재를 선발할 계획이다.
	2.
	3.
	4.
	5.
	6.
	7.
	8.

미디어 자료

활동3 협력하기

https://www.youtube.com/watch?v＝HcEv9FRtEfs

한국직업방송: https://www.youtube.com/watch?v＝EQ96U5yeYfE

저자 약력

류지헌
고려대학교 사범대학 교육학과 학사, 석사
미국 Florida State University 교육공학 박사
현 전남대학교 사범대학 교육학과 교수
현 전남대학교 교육문제연구소장
현 전남대학교 BK21교육연구단장

오종현
전남대학교 인문대학 국문과(문학사)
전남대학교 인문대학 사학과 석사
전남대학교 인문대학 사학과 박사
전남대학교 호남학연구단 연구원
현 호남사학회 정보이사
현 전남대학교 교육문제연구소 박사 후 연구원

윤헌철
공주대학교 사범대학 역사교육과 문학사
미국 Northwestern State University of Louisiana 교육학석사
미국 Northern Illinois University 교육공학 박사
현 전남대학교 교육문제연구소 연구교수

임태형
전남대학교 사범대학 국어교육과 문학사
전남대학교 일반대학원 교육학석사
미국 Florida State University 교육공학 박사
현 전남대학교 교육문제연구소 연구교수

청소년의 진로설계역량을 강화하기 위한 고등학생용 진로워크북

초판발행   2021년 11월 18일
중판발행   2023년 1월 30일

지은이   전남대학교 교육문제연구소
펴낸이   노 현

편 집   김다혜
기획/마케팅   이후근
표지디자인   이미연
제 작   고철민·조영환

펴낸곳   ㈜ 피와이메이트
             서울특별시 금천구 가산디지털2로 53, 한라시그마밸리 210호(가산동)
             등록 2014. 2. 12. 제2018-000080호
전 화   02)733-6771
f a x   02)736-4818
e-mail   pys@pybook.co.kr
homepage   www.pybook.co.kr
ISBN   979-11-6519-183-2   93370

정 가   11,000원